数学教育学における教材研究の真価

太田伸也先生ご退職記念論文集

編著　太田伸也先生ご退職記念論文集編集委員会

東洋館出版社

卒業式 東京学芸大学附属小金井中学校にて

東京学芸大学にて

はしがき

　太田伸也先生は，2000年4月に弘前大学に赴任され，2010年10月に東京学芸大学に着任されました。21年にわたって大学で多くの卒業生・修了生を送り出してこられ，2020年3月末日をもって東京学芸大学をご退職されました。

　太田先生からの真摯な指導を受けた多くの有志で，先生のご退職を記念して「ご退職記念論文集」を出版することを考えました。

　太田先生は，平面と空間における幾何教材の開発と指導，そして文字の認識に関する研究をされ，多くの論文を日本数学教育学会誌を中心として発表してこられました。特に，日常の事象とのかかわりを大切にした空間の幾何にかかわる教材を新しく提案するとともに，実践を行いその教材の可能性を深く追究されてきました。この研究活動の背景には，1980年から20年にわたる東京学芸大学附属大泉中学校での教諭として中学校の生徒との豊かな指導経験があります。太田先生は，一貫して，生徒一人一人の学習過程を丁寧に理解しようとつとめてこられました。授業研究会の機会には，ひとりの子どもを観察し，綿密な子どもの学習の記録を作成し，その子どもの思考を理解することを常に行ってこられています。また，教材の開発にあたっては，緻密で丁寧な教材の数学的分析，そして生徒の解決を想定した解決の可能性の探究をすすめられたことと思います。

　また，太田先生は何事に対しても丁寧な仕事をなされ，相手の立場を考えて対応をして下さいます。そのため多くの方からの信頼が厚く，弘前大学在職中に弘前大学教育学部附属中学校長を3年間，学芸大学在職

1

中に附属小金井中学校の校長を4年間にわたって務められました。そして、2016年から退職までの4年間は、東京学芸大学副学長の任にあたられました。

　太田先生のこれまでの研究・教育において最も大切にされてこられたことは徹底した教材研究にあると考えます。教材研究は、数学と生徒の両者への深い理解が不可欠であり、数学教育の目標を達成していくために重要かつ不可欠な研究活動です。豊かな教材研究を行っていくことが、数学教育の研究と実践の両者を進展させていくために重要であり、われわれのだれもが日常的に進め継続していくべき活動であると考えます。このような考えのもとに、本論文集を「数学教育学における教材研究の真価」といたしました。

　本書に収録した論文は、先生からの真摯なご指導を十分に生かすまでには至っておりませんが、今後の算数・数学教育のより一層の充実発展に貢献する一歩として、この機会にまとめさせていただきました。

　本論文集の第Ⅰ部には、太田先生ご自身による論文をご執筆いただくようにお願いしましたところ、ご快諾いただくことができました。心よりお礼申し上げます。

　最後になりましたが、本論文集の出版の趣旨をご理解いただき、編集・出版にわたり多大なご協力を賜りました東洋館出版社・畑中潤氏に、厚くお礼申し上げます。

令和3年9月
太田伸也先生ご退職記念論文集
編集員会一同

第Ⅰ部

経歴

1954 年 4 月 5 日　東京都に生まれる

1973 年 3 月　　　東京都立富士高等学校卒業

1974 年 4 月　　　東京大学理科一類入学

1978 年 3 月　　　東京大学工学部土木工学科卒業

1978 年 4 月　　　東京大学教育学部学校教育研究科研究生（1 年間）

1978 年 4 月　　　私立駒込高等学校非常勤講師

1979 年 4 月　　　東京都立田無工業高等学校教諭

1980 年 4 月　　　東京学芸大学附属大泉中学校教諭（2000 年 3 月まで）

1990 年 4 月　　　東京学芸大学大学院教育学研究科数学教育専攻修士課程入学（内地研修）

1992 年 3 月　　　東京学芸大学大学院教育学研究科数学教育専攻修士課程修了

2000 年 4 月　　　弘前大学教授（教育学部）

2005 年 4 月　　　弘前大学教育学部附属中学校長（併任，3 年間）

2008 年 4 月　　　弘前大学教育学部教育実践総合センター長（併任，2 年間）

2010 年 10 月　　　東京学芸大学教授（自然科学系数学講座数学科教育学分野）

2012 年 4 月　　　東京学芸大学附属小金井中学校長（併任，4 年間）

2016 年 4 月　　　東京学芸大学副学長（附属学校・現職教育担当）（併任，4 年間）

2020 年 3 月　　　東京学芸大学退職

2020 年 4 月　　　東京学芸大学名誉教授・特任教授

Ⅰ　著書

（編著）

1　CD-ROM 版中学校数学科教育実践講座．ニチブン．2003.
　　担当部分：図形の指導内容と方法①図形の指導の意義（pp.82-86）②図形の指導の系統（pp.87-91）．理論編；困難に立ち向かい，考えることの楽しさを経験する（pp.39-47）．

2　中学校新数学科の授業創り ①豊かな数学の授業を創る．②新たな数学の授業を創る．明治図書．2009．長崎栄三，國宗進，太田伸也，相馬一彦（共編著）．
　　担当部分：①数学的活動とその意義（pp.33-47），関数の授業（pp.61-66）．②授業研究―数学の授業をよりよくするために（pp.30-39），子どもに考えさせる授業（pp.42-53）．

3　中学校・高等学校数学科 授業力を育む教育実習．東京学芸大学出版会．2018．西村圭一，太田伸也編著
　　担当部分：授業観察の方法とその実際（pp.78-89）

（分担執筆）

1　松原元一編著（1987）．考えさせる授業 算数・数学．東京書籍．
　　担当部分：作業と思考（太田伸也・高橋均）．pp.210-259.

2　杉山吉茂編著（1991）．中学校数学 ときにはこんな授業を 課題学習．東京書籍．
　　担当部分：面積が最大になる図形は？．pp.128-152.

3　半田進編著（1995）．考えさせる授業 算数・数学 実践編．東京書籍．
　　担当部分：図形指導と考えさせる授業（太田伸也・石井勉）．pp.162-249.

4　澤田利夫，坂井裕編著（1995）．中学校数学科［課題学習］問題づくりの授業．東洋館出版社．
　　担当部分：折り紙を使って．pp.188-194.

5　佐藤郡衛監修，成田喜一郎，堀内順治編著（1996）．国際化時代の教育シリーズ 世界と対話する子どもたち―国際理解教育とディベート―．創友社．
　　担当部分：ディベートと歩む３年間（太田伸也，成田喜一郎）．pp.76-83．立場を決めてしっかり主張しよう～１年生のディベート～．pp.100-111．ディベートを取り入れた数学の授業．pp.210-234.

6　杉山吉茂先生ご退官記念論文集編集委員会（1999）．新しい算数・数学教育の実践をめざして．東洋館出版社．
　　担当部分：太陽の動きを円錐でとらえる―中学校図形指導改善のための教材開発とその実践の試み―．pp.173-182.

7　根本博，杉山吉茂編著（1999）．改訂中学校学習指導要領の展開 数学科編．
　　担当部分：対称性に着目した図形の指導．pp.149-157．「数学的活動」を生徒に実現する指導．pp.172-179.

8　YEARBOOK 日本の算数・数学教育 2006．海外の数学教育から何を学ぶか―ICME-9 を通して―．日本数学教育学会，数学教育の民主化に対する障壁の克服（日野圭子，太田伸

也）．pp.3-21.

担当部分：実践者の考察．pp.13-18.

9 長崎栄三，滝井章編著（2007）．シリーズ算数の力を育てる．東洋館出版社．①何のための算数教育か ②よい算数の授業をつくる ③算数の力 数学的な考え方を乗り越えて．

担当部分：①算数教育の目的としての実用性．pp.91-102．算数教育の目的としての文化性．pp.113-122．②算数の授業とは何か．pp.28-38．子どもにもっと考えさせるには．pp.146-155．③算数の力への着目が授業を変える．pp.107-114.

10 遠藤孝夫，福島裕敏編著（2007）．教員養成学の誕生 弘前大学教育学部の挑戦．東信堂．

担当部分：一年次教職科目「教職入門」における「教育実習観察」の効果と課題についての一考察．pp.102-119.

11 日本教材学会（2008）．日本教材学会設立20周年記念論文集「教材学」現状と展望，下巻．協同出版．担当部分：数学教育における教材開発の役割．pp.84-94.

12 日本数学教育学会編（2010）．数学教育学研究ハンドブック．東洋館出版社．

担当部分：図形の計量（面積・体積）．pp.115-122.

13 杉山吉茂先生喜寿記念論文集編集委員会編著（2012）．続・新しい算数数学教育の実践をめざして 杉山吉茂先生喜寿記念論文集．東洋館出版社．担当部分：ピタゴラスの定理の証明の扱いについて―分割合同の視点から―．pp.241-250.

14 日本教材学会編（2013）．教材事典 教材研究の理論と実践．東京堂出版．

担当部分：教材研究 数学カリキュラム論と教材．pp.138-139，図形領域 教材の特質．p.147．教材活用 平面図形の合同・相似．p.158，図形の性質．p.159，空間図形．p.160.

15 藤井斉亮編著（2015）．教科教育学シリーズ03 算数・数学科教育．一藝社．

担当部分：空間図形と空間観念．pp.198-204.

16 藤井斉亮先生ご退職記念論文集編集委員会（2017）．数学教育学の礎と創造 藤井斉亮先生ご退職記念論文集．東洋館出版社．

担当部分：「10倍して9の段の九九を引く」問題について．pp.208-219.

Ⅱ 論文

1 思考を促すための作業—模型作りにおける思考の考察—. 日本数学教育学会誌, 68(9), 14-21. 1986.

2 文字式に対する認識の発達について. 日本数学教育学会誌, 72(7), 2-11. 1990.

3 立体模型の表現の発達についての考察—小・中・高の児童・生徒に対する調査から—. 学芸大数学教育研究, 3, 27-38. 1991.
  （共著）久米成夫, 太田伸也, 廣水乃生, 藤本博之, 松元新一郎.

4 「生徒が幾何の世界を構成すること」をめざす中学校の幾何教育. 日本数学教育学会第24回数学教育論文発表会論文集, 121-126. 1991.

5 「空間観念の養成」をめざす中学校の幾何教育. 学芸大数学教育研究, 4, 177-192. 1992.

6 中学生の文字式に対する認識について. 日本数学教育学会誌, 74(9), 11-19. 1992.

7 「空間観念の養成」をめざす中学校の幾何教育—指導事例「三角錐の頂点から底面への垂線の足を求める」の考察から—. 日本数学教育学会第25回数学教育論文発表会論文集, 211-216. 1992.

8 生徒に幾何の世界を構成させる図形指導—ディベート「凹四角形の外角の和は360°である」を取り入れて—. 日本数学教育学会誌, 77(5), 11-19. 1995.

9 数学的モデルをつくる活動を取り入れた授業についての一考察—「カーブしている駅のホームと電車との隙間の問題」を題材として—. 学芸大数学教育研究, 7, 31-40. 1995.

10 生徒に幾何の世界を構成させる図形指導（2）—「写真に写る大きさと距離との関係」を題材に—. 日本数学教育学会誌, 79(5), 24-32. 1997.

11 「太陽の動き」を題材とする教材開発の試み. 学芸大数学教育研究, 10, 31-40. 1998.

12 図形指導における論証の位置づけ. 日本数学教育学会第31回数学教育論文発表会「テーマ別研究部会」発表集録, 103-108. 1998.

13 「カーブの曲がり具合」を題材とする授業. 学芸大数学教育研究, 12, 19-30. 2000.

14 現実場面から数学の問題に持ち込む教材の開発（2）—「太陽の動き」を題材として—. 教材学研究, 12, 23-25. 2001.

15 中学生の「速さ」の理解についての一考察. 学芸大数学教育研究, 13, 45-56. 2001.

16 学部－附属の連携を生かした数学科の教材開発と授業の試み—大学院生・学生の実践的研究と関連させて—. 弘前大学教育学部研究紀要クロスロード, 5, 43-50. 2002.
  （共著）半田進, 太田伸也, 太田智之, 相馬英明, 柏木信一, 日高昌代.

17 太陽の動きを捉えるための数学的モデルを作る活動を通して空間図形の見方を広げる指導. 日本数学教育学会誌, 84(11), 10-20. 2002.

18 「太陽の動き」を題材とする中学校数学「空間図形」の授業（追試）—附属中学校公開研究会における授業の試みと協同研究—. 弘前大学教育学部研究紀要クロスロード, 7, 19-29. 2003.

19 日影曲線の観察から円錐曲線へ—ビデオ映像を利用して—. 教材学研究, 15, 53-56.

2004.

20 ボロノイ図をテーマとする授業における生徒の思考の様相―数学的な考え方に焦点をあてて―. 教材学研究, 16, 121-124. 2005.

21 一年次教職科目「教職入門」における「教育実習観察」の効果と課題についての一考察. 教員養成学研究 創刊号, 37-46. 2005.

22 社会から見た算数・数学科の指導内容の重要性. 日本数学教育学会誌, 88(2), 29-44. 2006.
（共著）長崎栄三, 国宗進, 太田伸也, 長尾篤志, ほか15名.

23 現在の学問や職業で使われている算数・数学―「数学教育に関する研究者調査」の結果の分析―. 日本数学教育学会誌, 88(3), 29-43. 2006.
（共著）長崎栄三, 國宗進, 太田伸也, 長尾篤志ほか15名.

24 戦後の我が国における中学生の数学の達成度の特徴と変化. 日本数学教育学会誌, 88(3), 2-13. 2006.
（共著）太田伸也, 熊倉啓之, 榛葉伸吾, 松元新一郎.

25 現職教員を対象とした算数数学指導力養成・向上講座―弘前市教育委員会との共催による現職教員研修会の実施報告―. 弘前大学教育学部研究紀要クロスロード, 10, 67-78. 2006.
（共著）中野博之, 太田伸也, 伊藤成治, 山形昌弘, 北田俊之, 佐藤浩一.

26 数量関係の把握と立式に関する生徒の思考の様相についての一考察. 学芸大数学教育研究, 18, 53-60. 2006.

27 現職教員を対象とした算数数学指導力養成・向上講座Ⅱ―弘前市教育委員会との共催による現職教員研修会の平成18年度実施報告―. 弘前大学教育学部研究紀要クロスロード, 11, 59-70. 2007.
（共著）中野博之, 太田伸也, 伊藤成治, 山形昌弘, 佐藤浩一.

28 数学的な考え方を育てる授業を目指した現職教員研修のあり方についての一考察. 日本数学教育学会第40回数学教育論文発表会論文集, 769-774. 2007.
（共著）中野博之, 太田伸也, 伊藤成治, 山形昌弘.

29 算数・数学教育の目標としての「算数・数学の力」の構造化に関する研究. 日本数学教育学会第40回数学教育論文発表会論文集, 1-6. 2007.
（共著）長崎栄三, 国宗進, 太田伸也, 五十嵐一博, 滝井章, 近藤裕, 熊倉啓之ほか16名

30 現職教員を対象とした算数数学指導力養成・向上講座Ⅲ―弘前市教育委員会との共催による現職教員研修会の平成19年度実施報告―. 弘前大学教育学部研究紀要クロスロード, 12, 71-80. 2008.
（共著）中野博之, 太田伸也, 伊藤成治, 山形昌弘, 佐藤浩一.

31 算数・数学教育の目標としての「算数・数学の力」の構造化に関する研究. 日本数学教育学会誌, 90(4), 11-21. 2008.

（共著）長崎栄三，国宗進，太田伸也，五十嵐一博，滝井章，近藤裕，熊倉啓之ほか17名.

32 算数教育の目標としての「算数の力」の育成に関する研究―授業構成の基本的な考え方―. 日本数学教育学会誌，91(2)，22-32. 2009.

（共著）上田雅也・清水壽典・滝井章・小田友美・日下勝豊・早川健・牧野宏・太田伸也・國宗進・長崎栄三.

33 授業中に子どもの活動を把握し価値付ける評価. 日本数学教育学会第42回数学教育論文発表会「課題別分科会」発表集録，94-99. 2009.

34 地震の震央・震源を求める問題から空間図形の問題へ―「三角錐の頂点から底面への垂線の足の求め方」を中心に―. 日本数学教育学会誌，92(3)，2-9. 2010.

35 数学的に考える過程に焦点をあてた教員養成のための教材とその扱い―ファニャーノの問題の解決過程を考察する活動から他の教材研究へ―. 日本数学教育学会第43回数学教育論文発表会論文集，355-360. 2010.

36 四面体の辺の中点を結んでできる図形について. 学芸大数学教育研究，23，41-48. 2011.

（共著）佐藤亮太，今野雅典，細矢和博，高橋均，清水宏幸，吉岡史朗，吉川行雄，半田進，太田伸也.

37 小学校教員養成における算数専門科目の扱いに関する一考察―数学教育教員と数学専門教員の協同による取り組みから―. 日本数学教育学会第44回数学教育論文発表会論文集，897-902. 2011.

（共著）太田伸也，中野博之，山形昌弘，西澤道知.

38 空間図形の問題を解決する活動についての一考察. 日本数学教育学会 第45回数学教育論文発表会論文集，599-604. 2012.

39 空間図形を観る視点について. 日本数学教育学会誌，95，数学教育論究臨時増刊（第46回秋期研究大会特集号），33-40. 2013.

40 「日常的な事象の数学化」にかかわる活動とその評価についての一考察. 日本数学教育学会第2回春期研究大会論文集，13-20，2014.

41 空間図形の教材研究における「対象／視点」の役割―空間の分割の問題を事例として―. 日本数学教育学会誌，96，数学教育論究臨時増刊（第47回秋期研究大会特集号），17-24. 2014.

42 「日常的な事象の数学化」を目標とする授業とその評価についての一考察。日本数学教育学会第3回春期研究大会論文集，127-134. 2015.

43 「日常的な事象の数学化」における多様な定式化と数学的な質についての一考察. 日本数学教育学会第4回春期研究大会論文集，229-236. 2016.

44 「日常事象の数学化」の改訂学習指導要領における位置づけ―「道具箱」の問題を事例として. 日本数学教育学会第6回春期研究大会論文集，205-208. 2018.

Ⅲ　その他（報告書，啓蒙書等より）

（翻訳）

1　ポール・アーネスト著，長崎栄三／重松敬一／瀬沼花子監訳（2015）.
　　THE PHILOSOPHY OF MATHEMATICS EDUCATION 数学教育の哲学. 東洋館出版社.（担
　　当部分）CHAPTER9　国民教育者の社会変革のイデオロギー. pp.303-331.

（報告書：代表）

2　数学科の授業改善のための教材開発（2004）；平成 13 年度〜平成 15 年度科学研究費補助
　　金基盤研究（C）（2）課題番号 13680185 研究成果報告書.
　　（共同執筆）西村圭一，松元新一郎，柏木信一，山形昌弘，吉川行雄，半田進，須藤徳
　　雄，駒形恭子.

3　数学的に考える過程に焦点をあてた教員養成及び現職教員研修プログラムのための教材
　　と実践事例（2012）；平成 21 年度〜平成 23 年度 科学研究費補助金基盤研究（C）課題番
　　号 21500819 研究成果報告書.
　　（共同研究）中野博之，昆正博，山形昌弘，伊藤成治，西澤道知.

4　空間の想像力育成のための「対象／視点」に着目した図形教材の開発（2019）；平成 27
　　年度〜平成 30 年度 科学研究費助成事業 基盤研究（C）（一般）課題番号 15K00911 研究
　　成果報告書. 東京学芸大学リポジトリ
　　http://ir.u-gakugei.ac.jp/bitstream/2309/151588/1/report_15k00911.pdf
　　（共同研究）松原敏治，樺沢公一，川村栄之，柴田翔，上村健斗.

（その他）

5　自動車の速度メーターを追う（実践記録）―ビデオ映像を利用して―. 東京学芸大学附
　　属大泉中学校研究集録，37，97-102. 1997.

6　写真から撮影位置を予測する(1)―アポロニウスの円の発見とその利用―. 東京学芸大
　　学教育学部附属大泉中学校研究集録，37，87-95. 1997.

7　写真から撮影位置を予測する(2)―アポロニウスの円の発見とその利用―. 東京学芸大
　　学教育学部附属大泉中学校研究集録，38，55-64. 1998.

8　数学科公開授業記録 1 年空間図形―太陽の動きをとらえる. 東京学芸大学教育学部附属
　　大泉中学校研究集録，38，177-178，182-189. 1998.

9　作業と思考. 教育科学 数学教育，330，13-20. 明治図書. 1986.

10　教育における作業の価値. 教育科学 数学教育，388，5-12. 明治図書. 1990.

11　図形的モデルをつくって考える. 教育科学 数学教育，488，44-51. 明治図書. 1998.

12　観察は思考の 1 つの形である. 教育科学 数学教育，510，52-56. 明治図書. 2000.

13　太陽の動きを追ってみると. 教育科学 数学教育，556，10-15. 明治図書. 2004.

14　授業は自己研修の場［子どもの考えをとらえる］. 教育科学 数学教育，581，46-48. 明
　　治図書. 2006.

15　算数教育における「立体図形」と「空間認識」について. 新しい算数研究，467，4-7.
　　東洋館出版社. 2009.

空間図形の教材研究における「対象／視点」の顕在化の意義
―袖ぐりの型紙の問題を事例として―

太田 伸也

1　はじめに

　本稿では空間図形に関する教材の事例として袖ぐりの型紙の形を取り上げる。空間図形の教材研究において，観察対象とそれを観る視点（「対象／視点」と記す）を顕在化させる意義を示すことがその目的である。そのために，教材に空間図形の観察場面を見出し，解決過程の「対象／視点」を分析する。

　この着想は，図形指導の目的としての「空間観念の養成」を中等教育でどう具体化するかという問いの延長上にある。松原（1983）は図形指導の目的を「空間観念の養成」と述べ，「教育の立場からの空間」とは「人間が頭の中で創って定めたもの」で外界をみるための枠の1つと言う（p.115）。筆者は，特に3次元空間を対象とする問題解決の重要性に焦点をあて，「空間の想像力」（島田，1990）を手掛かりに，「空間観念の養成」の具体を，目的に応じた「対象／視点」の選択・変更と捉えた（太田，2013）。「対象／視点」の選択・変更は広い意味での変換に対応すると考え，その顕在化と意識化の役割を示す事例を見出す研究（例えば，太田・松原（2020））を進めている。

2　空間を観る「対象／視点」の顕在化の役割

　まず，これまでに検討した事例から「対象／視点」の顕在化の意義を振り返る。太陽の見かけの動きを，「1日で360°回転する」と捉えるときの視点は，軌道を含む平面での回転の中心である。一方，図1の天球図による表現で，中心Oに自分の視点を対象化し，「自分の位置から太陽を見る」場合，つまり自分と太陽を結ぶ直線の動きを考える場合は，春分・秋分を除き1日の動きは360°より小さい。なぜなら，自分と太

陽とを結ぶ直線は，視点Oを頂点とし太陽の回転面を底面とする円錐の母線であり，一日の回転量はその側面の展開図（おうぎ形）の中心角になるからである。（太田，2002）

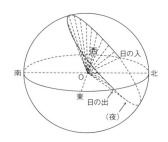

図1　天球図での太陽の見かけの動き（太田，2002，p.11）

このように，図1は「対象／視点」の選択によって解釈が異なる。太陽の見かけの動きは天球の切断面の周に対応し，地球上での観測では，切断面を底面とする円錐の頂点に視点をおいている。

3　袖ぐりの型紙の形について考える

「洋服の袖ぐりの部分の型紙はどんな形になるか」という問題の解決過程について，空間の観察における「対象／視点」の具体を分析する。

袖ぐりの型紙の形は実物を見ればわかるが，その数学的な意味を捉えるため，図2のように袖を円柱とみなし，その斜め切断による側面の展開図を考える問題として定式化される。（例えば飯島（1989））。

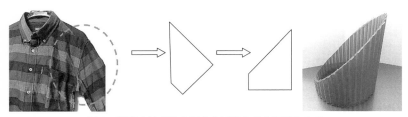

図2　洋服の袖ぐりの部分を円柱の斜め切断とみる

⑴　1つの解決例

円柱の斜め切断による側面の展開図を求める問題では，展開図にサインカーブが表れることの証明に焦点が当てられることが多い。まず，こ

の考えを確認した上で議論を進める。なお，式に表現することを急がなければ，三角比の知識を前提としなくても考えられることに留意する。

①側面の展開図における切り口上の点の決定

　簡単のため，円柱の半径を1とし，図2のように底面に対して45°の平面で切断する場合を考える。また，切り口に対応する部分として円柱の高さを2としておく。図3は，側面の展開図に，次のように切り口の形を描くことを考えたものである。

　・切り口を傾き一定の直線として捉えるために，切断面が直線に見える向きに正面図を決める。
　・展開図での切り口上の点をPとすると，横方向の長さAQは円柱を真上から観た円（平面図）の弧AQの長さに対応する。また，Pの縦方向の長さPQは正面図にあらわれる。

②切り口上の点を平面図・正面図及び展開図に対応させる

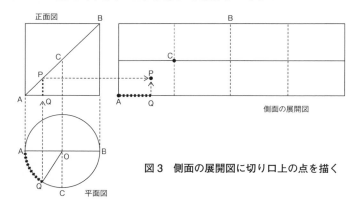

図3　側面の展開図に切り口上の点を描く

　図3のように，切り口の最下部の点をA，最上部をB，AからBに至る側面上の経路の中点をCとする。（展開図は，円柱の側面をAの位置で底面に垂直に切り，表面が表れるようにしている。）

　側面の展開図での切り口上の点は，次の例のように作図することがで

16

きる。

例）展開図で，点 A から $2\pi \times 1/6$（底面の円周の 1/6）だけ水平に進ん
　　だ点 Q での切り口上の点（P）を求める。

　ⅰ）　点 Q は平面図の円周上で弧 AQ ＝ $\pi /3$（∠ AOQ ＝（$\pi /3$）rad）
　　　の点である。

　ⅱ）　このときの切り口の高さは，正面図に表れる PQ である。

　ⅲ）　PQ の長さを展開図に移せば点 P が切り口上の点である。

③上記②の作業を，点 Q を移動させて繰り返し，対応する点 P の集合
として側面の切り口上の点を求める

　なお，図 3 の側面の展開図で点 A を原点，横軸を x（rad），縦軸を y
とすれば，切り口の曲線は　$y = 1 - \cos x$　である。

⑵　解決過程の見直し

　⑴の解決での「対象／視点」は図
3 の構成過程にあるが，展開図と平
面図・正面図との点の対応に埋め込
まれ，3 次元空間における円柱の切
り口を対象として図 4 のように型紙

図 4　切り口に合わせて紙を切る

の形が決まるしくみ（背景にある空間図形の特徴）をとらえるものに
なっていないのではないか。

　円柱を斜めに切断した側面の展開図を予想させると，学生でも傾き一
定の直線にする場合がみられる。これは，次の（a），（b）のような活
動として表れる。

（a）　円柱を斜めに切断したときの側面の展開図で，切り口の部分を図
　　　3 の線分 AB として表す。

（b）　直角三角形の紙を円柱の側面に巻き付けるとどうなるかを調べる。

　　実際，（1）の解決を受け入れても（a）（b）の見方をもち続けている
場合がある。

円柱の側面は可展面とはいえ曲面であり，その展開図である長方形と合同ではない。同様に，直角三角形を円柱の側面に巻き付けてできる空間図形には，その直角三角形と合同な面は存在しない。多面体では展開図の面と合同な図形の組み合わせで立体の面が構成されるが，この関係が保存されない場面に当面していることを考えると，あらためて切り口を対象として観察する活動を取り入れる必要がある。

⑶　「円柱の平面による斜め切断」と「側面を一定の割合で上がる線」
　　（円柱らせん）との違いを 3 次元空間で捉えること

（a）円柱の斜め切断面の周の“傾き”を観察する

　先の（2）を受け，「円柱の斜め切断面の周の傾きは一定か」について模型を観察を通して考える。具体的には，“傾き”を表す対象を見出す活動である。

（a-1）切り口を含む平面上の直線の傾き

　切り口の周上を辿るときの“傾き”を，“周上の点を通る直線”（接線または割線）を対象とし，円柱の底面に対する傾き具合を観ようとする方法が考えられる。これは，図 5 のように，斜面（切断面）上の向きの異なる直線について，底面とのつくる角を比べる活動であり，空間における直線と平面とのつくる角を調べる活動に対応する。最も傾きが大きいのは 2 面角と一致する場合であり，それ以外は二面角よりも小さくなる。

　図 5 の点 A から点 B に向けて切り口の周に沿って“直線”（①〜⑤）の傾きを観ると，底面とのつくる角（傾き）は中間地点までは大きくなり（①〜③），その後は小さくなる（④⑤）ことを見出すことができる。このような“傾き”の変化をもとに展開図にあらわれる曲線の形を考える活動の価値を再認識する必要がある。直線と平面とのつくる角の定義は中学校では明確に扱われていない場合が多いが，この問題では重要な役割を担う。この活動を通して「空間における直線と平面のつくる

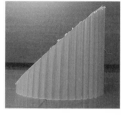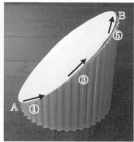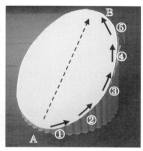

図5　切断面上の向きの異なる直線の傾き

角」の意味を考える場面につなげてもよい。スキー場のゲレンデや山道
のつづら折りを想像し数学の舞台に載せるのもよくある話である。

（a-2）視点を変えて切り口の正面図での"傾き"を観ようとする

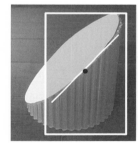

図6　切り口上の点での接線を正面に観る

　図6のように，切り口の周上の点に対してその点を正面に観る向きを
選んで観察する活動が想定される。（a-1）では切断面上の直線を対象と
したのに対し，ここでは切り口上の点を通り母線に接する平面を想像
し，この平面上の直線を対象としている。

（a-3）側面の接平面と切断面との交線を想像する

　図6と同じだが，傾きを表す直線を接平面と切断面との交線と観られ
れば対象が明確になる。固定されている切断面に対して，円柱の側面の

19

接平面を動かし，交線を接平面に垂直な向きから観ることで傾きが捉えられる。図7のように切り口上の点に対応させて視点を動かすことになり，この見方での「対象／視点」の明確化は空間における切り口の接線の意味（定義）につながる。

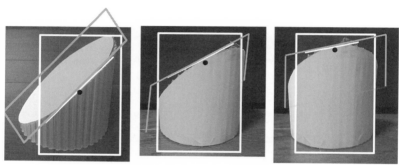

図7　切断面と切り口上の点での接平面との交線を観る

　以上のように，（a-1）では切り口を含む平面上の直線を対象としているのに対し，（a-2）では側面に接する平面上の直線を対象とする。また，（a-3）では，（a-1）と（a-2）の平面の交線として切り口の接線を観ることになる。（a-2），（a-3）では「対象／視点」が想像に委ねられることが多く，これを見出す難しさが予想される。

(b) 円柱に直角三角形の斜辺を巻き付けてできる図形について考える

　図8のように，円柱の側面に傾き一定の直線（直角三角形の斜辺）を巻き付けるとき，円柱の側面でこの「直線」はどのような図形になるかを観察する。円柱らせんについての知識を与えることがねらいではなく，「対象／視点」を顕在化させて（a）との違いを捉えることに焦点をあてる。

　展開図では傾き一定の直線であるが，図8のように，円柱に巻き付けると曲線（円柱らせん）を描く。この曲線上の点において，先の（a-2）と同様に，側面の接平面上の直線として接線を捉えれば，どの向きから

図8　円柱に直角三角形の斜辺を巻き付ける

観てもその点における接線の傾きが一定であるような曲線をとらえられ
るだろう。一方，図9のように視点を固定して曲線を観ると，接平面上
の点以外は同じ平面上にないから，正面図に表れるその点以外での「接
線」は異なる傾きの直線として投影される。これは，図10のように，
身の回りによく見る曲線である。

図9　正面図での傾き　　図10　らせん階段がサインカーブに見える（筆者撮影）

　本稿の目的から離れるが，正面図に表れる曲線がサインカーブである
ことを確認しておく。例えば，直角三角形の斜辺の傾きを2/3，巻き付
ける円柱の半径を1とし，巻き付ける直角三角形の斜辺上の点Pの座
標を，図11のように底面の円の中心を原点とする直交座標軸をとって
表す。

点 P（x,y,z），AH ＝ 弧 A_1H_1 ＝ θ ＝ $\angle A_1OH_1$(rad)
としておくと，

$x = \cos\theta$，$y = \sin\theta$，

$z = PH = 2/3AH = 2/3\,\theta$

xz 平面を正面図とすれば，

$P_2(x,\ z)$

＝$(OH_2,\ P_2H_2)$

＝$(\cos\theta,\ 2/3\,\theta)$

従って，$x = \cos(3/2z)$

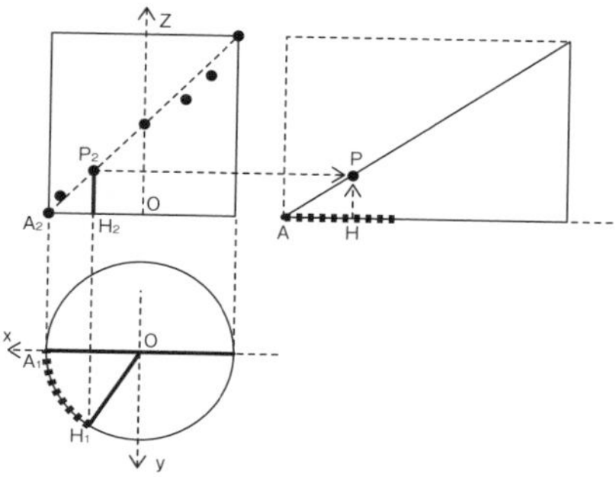

図 11　正面図はサインカーブ

(4)　観察対象の明確化—円柱を正多角柱に置き換えて考える

　ここでは，あらためて（a-1）のように接線を割線に置き換えて近似的に曲線をとらえる方法に焦点をあてる。これは，曲面を平面に，曲線を直線に置き換えることで，対象を明確に捉える場面をつくる活動として価値づけるものである。類似の例として，小学校で円の周の長さや面積を近似的に求めるときに，正多角形に置き換えて考えることがあるが，観察における対象の明確化という観点から見直したい。

　図 12 は，円柱を正六角柱に置き換え，底面とつくる角が 45°の平面で切断した場合を示す。切断前の側面は 6 つの合同な長方形から構成され，斜め切断による切り口は展開図でも折れ線として表れる。即ち，切り口は六角形であり，その 6 つの辺が展開図の折れ線を構成する。円柱を多面体に置き換えたことにより，切り口が多角形の辺に対応するから，その傾きを捉えるときの「対象／視点」が円柱の場合よりも明確になる。

　また，図 13 は，この正六角柱の側面に傾き一定の直線を巻き付ける場合に対応する。正六角柱の各面を正面に観ると傾きは一定であるが，視点を固定した正面図では折れ線として表れる。

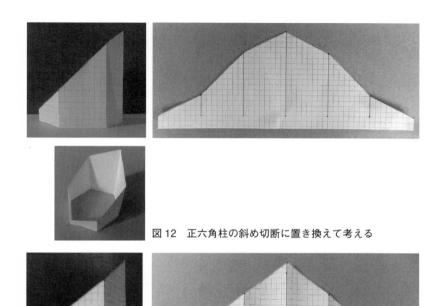

図12　正六角柱の斜め切断に置き換えて考える

図13　正六角柱の展開図を直線で切断した場合を考える

　図14は，さらに円柱を正十二角柱に置き換え，底面とつくる角が45°の平面で切断した場合の展開図である。また，図15は，この正十二角柱の側面（の半分）に，傾き一定の直線を巻き付けたときの側面の経路上の点を正面図に示したものである。

　以上のように，円柱の場合には曲面であった側面を，平面の組み合わせに置き換えたことにより，観察する際の「対象／視点」が明確になる。展開図の面と立体を構成する面との間に合同な図形どうしの対応が

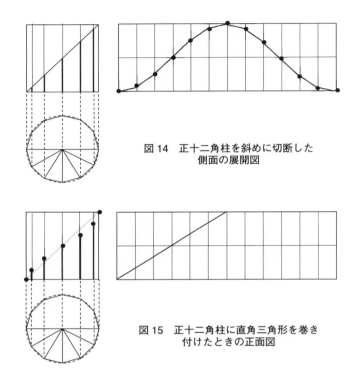

図14　正十二角柱を斜めに切断した
側面の展開図

図15　正十二角柱に直角三角形を巻き
付けたときの正面図

でき，切り口も多角形であるから，観察する対象は辺（線分）であり，
その辺を含む面に垂直な方向（視点）から観ればよい。

　重要なことは，このような正多角柱を，円柱の斜め切断面や側面を対
象とする問題を捉えやすくするための置き換えとして登場させることで
ある。曲線や曲面を直線や平面に置き換えることは，対象を明確にする
とともに，その対象を観る視点を定める役割を果たしている。

4　まとめと今後の課題

　袖ぐりの型紙の形を考える問題を，円柱の斜め切断面や斜め切断によ

る側面の展開図を考える問題として，その解決過程における「対象／視点」の顕在化を試みた。これにより，観察方法として次のような対象への置き換えが見出された。

・側面の切り口の曲線を，切断面（斜面）上の直線に置き換えて調べる。結果として，斜面上の直線と底面とのつくる角に置き換えることになる。

・側面の切り口の曲線を，側面に接する平面上の直線に置き換えて調べる。さらに，切断面と側面に接する平面との交線に置き換えて調べる。

・円柱を正多角柱に置き換え，斜め切断による切り口を多角形の辺による折れ線で捉える。（曲面・曲線を，平面・直線に置き換える）

　これらの事柄は，教材研究における「対象／視点」の顕在化が，円柱の斜め切断という事象における新たな観察の方法につながることを示している。学習者にとっての「対象／視点」の実際とその価値を示すことが今後の課題である。なお，本稿はJSPS科研費19K03164による研究の一部である。

引用・参考文献

飯島康男（1989）．袖ぐりのところはどのように裁つのか？．吉田稔・飯島忠編集代表，話題源数学（pp.306-307）．東京法令出版．

松原元一（1983）．算数教材の考え方教え方．国土社．

太田伸也（2002）．太陽の動きを捉えるための数学的モデルを作る活動を通して空間図形の見方を広げる指導．日本数学教育学会誌，84（11），10-20．

太田伸也（2013）．空間図形を観る視点について．日本数学教育学会誌数学教育論究臨時増刊，95，33-40．

太田伸也，松原敏治（2020）．「対象／視点」の意識化による空間図形の捉えの変容とその記述についての一考察．日本数学教育学会第53回秋期研究大会発表集録，269-272．

島田茂（1990）．空間の想像力．教師のための問題集（pp.94-101）．共立出版．

第Ⅱ部

全国学力・学習状況調査問題が示す授業改善の視点

中野 博之

1　はじめに

　平成 19 年（2007 年）より，全国の小中学校の最高学年の子どもを対象に実施している「全国学力・学習状況調査」（以下「学テ」）はその目的を以下のように定めている（国立教育政策研究所，2019a,p.2）。（下線は筆者）

　「義務教育の機会均等とその水準の維持向上の観点から，全国的な児童生徒の学力や学習状況を把握・分析し，教育施策の成果と課題を検証し，その改善を図るとともに，学校における児童生徒への教育指導の充実や学習状況の改善等に役立てる。さらに，そのような取組を通じて，教育に関する継続的な検証改善サイクルを確立する。」

　さらに，学テに出題される調査問題の作成理念については以下のように記されている。（国立教育政策研究所，2019b, p.6）（下線は筆者）

　「具体的な調査問題の作成に当たっては，『調査問題自体が学校の教員や児童生徒に対して土台となる基盤的な事項を具体的に示すものであり，教員による指導改善や，児童生徒の学習改善・学習意欲の向上などに役立つとの視点が重要である』としていることにも留意する必要がある。」

　これらの記載から，学習状況の「把握・分析」とともに，調査問題自体に示された土台となる基盤的な事項に基づいた指導改善に学テの調査問題を役立たせることも学テ実施の目的であることがわかる。したがって，学テの調査問題には授業改善の視点が含まれていると考えられる。

　本稿では学テで出題された算数の調査問題の中から，授業改善の視点を示唆していると考えられる幾つかの調査問題を提示し考察することとする。

2　計算の能力に関わる調査問題と授業改善

⑴　出題される計算についての調査問題の変容

　平成30年度まで，学テは調査問題を「主として『知識』に関する問題」（以下「A調査」）と「主として『活用』に関する問題」（以下「B調査」）の2つに分け，調査問題作成の基本理念を以下のように整理していた（国立教育政策研究所，2018a, p.6）。

A調査 …身に付けておかなければ後の学年等の学習内容に影響を及ぼす内容や，実生活において不可欠であり常に活用できるようになっていることが望ましい知識・技能など

B調査 …知識・技能等を実生活の様々な場面に活用する力や，様々な課題解決のための構想を立て実践し評価・改善する力などに関わる内容

　この区分に基づいてA調査では，平成29年度まで図1のような式が

図1　平成29年度　計算問題

並べられているいわゆる計算問題が位置付けられていた（国立教育政策研究所，2017, p.31）。このような計算問題は平成26年度まではA調査の第1問目に配置されていた。しかし，平成27年度の調査問題から計算問題はA調査の第2問目に配置されるようになった（国立教育政策研究所，2015, p.30）。そして，平成30年度の算数の調査問題から計算問題は出題されなくなっている。

　平成27年度のA調査では，計算問題が第1問目に配置されなくなった一方で，第1問目には図2にあるような調査問題が配置され，上述のように従来の計算問題は第2問目に配置されていた（国立教育政策研

究所，2015, p.24)。

　図2の（1）では小数同士の減法の概算について問い，（2）では小数同士の加法を整数同士の加法に変換して答えを求めることを問い，（3）

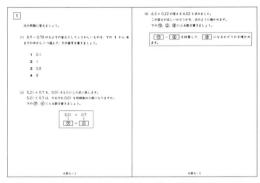

図2　平成 27 年度　Ａ調査の第 1 問目の調査問題

では小数同士の加法において求めた答えを確かめるための式を問うている。こうしたことは，計算では「見積もる→計算方法を考える→求めた数値を省察する」という自立的な一連の流れが「身に付けておかなければ後の学年等の学習内容に影響を及ぼす内容や，実生活において不可欠であり常に活用できるようになっていることが望ましい知識・技能」として位置付けられていることを意味する。したがって，平成 27 年度において図2のような問題をＡ調査の第 1 問目に配置した上で計算問題を第 2 問目に配置したことは，学テの問題を通して自立した学習者の育成を示唆したものと考えられる。

⑵　**文脈の中での計算の重視**

　平成 28 年度にＢ調査として図3のような，体育で行うハードル走の目標タイムを求める問題が出題された（国立教育政策研究所，2016, p70）。

　これは実質的には「8.1+0.4×4」という乗法と加法が交ざった式について乗除先行のきまりに従って正しく計算できるかどうかをみる調査問題と考えることができる。この調査問題の正答率は 50.7 ％であった。一方，左から順に計算したとみられる「34」の解答率は 15.1 ％であっ

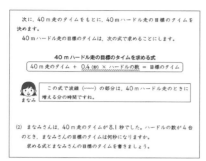

図3　平成28年度　目標タイムを求める問題

図4　平成31年度　きまりの適用

た。

　乗除先行のきまりを適用できるかどうかをみる調査問題は図4にあるように3年後の平成31年度の調査でも出題された（国立教育政策研究所，2019a，p.31）。この調査問題の正答率は60.4％であり，平成28年度から約10ポイント正答率が上がっている。一方で左から順に計算したと考えられる「13」の解答率は22.5％であり，平成28年度調査の同様の誤答の解答率より約7ポイント高くなっている。

　図4に関わる調査結果と乗除先行のきまりの適用について過去の調査結果でも正答率が高くないこと（平成26年度を除く）を受けて，平成31年度の報告書では，学習指導に当たって以下のように記述している（国立教育政策研究所，2019a，p.40）。

　「計算の順序についてのきまりは，単に暗記するだけではなく，具体的な場面と関連付けながら確実に理解できるようにすることが重要である。」

　この記述は文脈の中から導き出された式とその計算を重視することを意味していると考えられる。さらに，この記述は文脈がなく数値に具体性のないいわゆる計算練習を子どもたちに強いる学習指導（授業）から，1つ1つの数値に具体的な意味をもたせた上で計算結果を具体的な

場面に当てはめ直しその数値の妥当性を自ら省察する能力を育成する学習指導（授業）への改善を示唆していると考えられる。平成 30 年度の調査問題から，計算問題がなくなったことはこうしたことを裏付けるものと考えられる。

　また，このことに関連して筑波大学大学院教授の清水美憲氏は 2018 年 8 月 1 日付の新聞「東奥日報」において平成 30 年度の学テの結果公表を受けて以下のようなコメントを載せている。

　「算数，数学の基盤になる概念に関わる弱点が解消されていない。知識・技能中心の指導で，本質に迫れていない可能性がある。基礎と応用を分断するのではなく，場面が示す文脈の中で，知識を活用していくといった指導の見直しが必要だろう。」

　求めた数値を文脈に当てはめて省察し，図 3 の場面であれば 40m に 34 秒もかけて走ることが目標タイムとなるわけがないこと，また，図 4 の場面であれば 13L も水を使用する洗顔があるわけがないことに，子ども自ら気づくように日頃の授業を改善していくことが重要と考える。これは図 2 の調査問題が示唆したあるべき自立的な計算の流れにも大きく関わることと考えられる。

3　「活用する力」に関わる調査問題と授業改善

　前述の通り，算数の調査問題については平成 30 年度までは，A 調査，B 調査と区別して出題されていた。B 調査については調査問題の展開そのものに授業改善の視点が盛り込まれていたと考えられる。

⑴　子どもの自立を示唆

　平成 27 年度の B 調査では図 5 のような割合に関わる調査問題が出題された（国立教育政策研究所，2015, p.68）。この調査問題の正答率は 51.3 ％であり，学テの報告書で従来から指摘されている割合の意味の理解についての課題を明らかにした（国立教育政策研究所，2012,

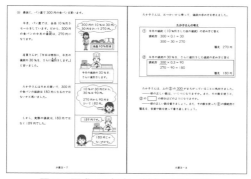

図5　平成27年度　割合の調査問題

p.41)。一方で，この調査結果を割合の意味理解だけの課題と捉えるべきではない。それは調査報告書の本調査問題の「学習指導に当たって」において以下のように記されていることからも明らかであると考えられる（国立教育政策研究所，2015, p.75)。

「自分の考えを振り返り，批判的に考察することは，誤りを正したり，よりよい考えを生み出したりするために必要である。算数の学習においても，考えの妥当性を評価し修正することは，既習の考えに対する理解をより確かにしたり，発展的な考えを導いたりする上で大切である。〈中略〉本設問のように，考えが誤りやすい場面を取り上げた際に，自分の考えを振り返るように促すなど，考えを批判的に考察する機会を設けることが考えられる。」

この記述から図5の調査問題には，たか子のように自分の考えを振り返り疑問に思ったことを自分で追究するという自立した人間を育成するような授業をしてほしいという教師へのメッセージが込められていたと考えられる。

「見方・考え方」は習慣付けられるものであるといわれる。考えを批判的に考察することも習慣付けられていくものと考えられる。こうしたことに関して杉山は以下のように述べている（杉山，2012, p.78)。

「ある知識・情報を得たとき，それをそれだけのものとして鵜呑みにすることが気持ちの上でできず，根拠を確かめ，他の知識と関連づけ

て吟味した上でなければ気持ちがわるい，不安だという感情をもち，それに動かされて問わざるを得ないという状態にまで高まることが大切だと考える。関連を問えというから問うというのではなく，関連を問わずにいられないから問うという気持ちを育てたいものだと思う。それが『考える』能力と態度を伸ばすときの究極の目的ではないだろうか」

さらに，自立した人間の育成に関しては学習指導要領解説数学編には以下の記述がある。

「教育及び学習指導が，願いや目的を実現するための意図的，計画的な営みであることに配慮すれば，教師のかかわりは必要であり，生徒の自立への誘いである。したがって，教師の関わりは，時には積極的であり，次第にあるいは状況に応じて個別的，間接的になり，最終的には生徒自身が自力でする営みの機会を設けることが必要である。」
（文部科学省，2018, p.60，下線は筆者）

教師は調査問題で子どもが正解を出せたのかどうかに着目するだけではなく，調査問題のストーリー展開に着目し，問いがどのように連続しているのか子ども自身がストーリー展開にあるような問いを自立的に連続させるには日頃からどのような授業を展開していけばよいのかを調査問題の展開から読み解かなければならないことを上の2つの記述が示していると考えられる。

(2)　問うべき問いと対話的な学びへの示唆

(1) では，学テの調査問題が子どもの自立に向けた授業改善を示唆していることについて述べた。次に，学テの紙面上では算数の学習として子どもが自立した問いをどのような場面で連続させているのかを考察する。

平成30年度のB調査では図6のような調査問題が出題された（国立教育政策研究所，2018b, p.76）。図6では（2）の調査問題のみを示して

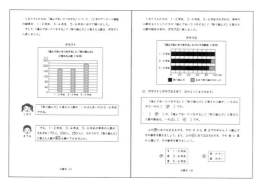

図6　平成 30 年度　アンケート結果調べの調査問題

いるが，前問の（1）を含め調査問題全体は子どもたちの対話で展開されている。

　図6では，しおりが1つの結論を提示し，それを受けてまさるが「でも」と新たな問いを出し，その問いから新しいグラフを作成している。この「でも」と問うことが問うべき問いといえる。つまり，答えが出たら終わりではなく，答えから新たな問題を子ども自身で見つけ解決を試みようとすることの大切さをこの調査問題は示唆していると考えられる。

　また，同じ平成30年度のB調査では，図7のような調査問題も出題された（国立教育政策研究所，2018b，p.81）。この問題も全体を通して，子どもたちの対話によって展開されている。図7では，ひろとが「横に並んでいる3つの数『18,21,24』の和63は，真ん中の数21の3倍になっています」と述べた後，「それでは，横に並んでいる数が5つの場合は，どのようになるのかな」と問いを発し，最終的に調査問題としては7つの場合に関する解答を求めている。真ん中の数の3倍になっているという答えから，「それでは」と問い，条件を3から5に変えている。この「それでは」と問うことが「問うべき問い」と考えられる。

　2つの調査問題に共通していることは，答えが出たら終わりではなく，答えから新たな問題を子ども自身で見つけ解決を試みようとすることの大切さを示唆している点にある。杉山は「答えが出てから考えること」として主に以下のことを挙げた（杉山，2012，p.163）。（①②③は筆

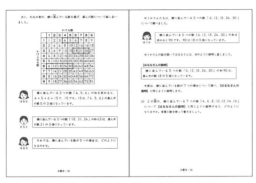

図7　平成30年度　九九の表の調査問題

者による）
①解決の方法をより
よくすること
②問題の本質的なこ
とを明らかにする
こと
③これまでに知って
いるものごととの
関連を知ろうとす
ること

　図6の「でも」による問いは，アンケート調査をした集団の本質的な課題を捉えるための問いであり，図7の「それでは」も本質的なことは何であるのかを明らかにするための問いと考えられる。図7の問題で重要なことは，「数値を変えても変わらないこと」は何なのかを考えることである。この「変わらないこと」が図7の調査問題自体の本質的なことといえる。

　また，2つの調査問題はその展開において「答えが出てから考える」という姿勢を示唆するとともに，そうした展開が他者との対話を通して進んでいくことも示唆していると考えられる。学テでは多くの調査問題が子ども同士の対話によって展開されている。これは日常の授業で子ども同士の対話を重視することへの示唆とともに，算数の学習としてどのような対話が価値ある学びを作り出していくのかについても示唆していると考えられる。価値ある対話は子ども任せでは成立しない。日頃から学級全体での話し合いの場等で，教師が子どもからのよい問いを価値付けるとともにどのように子どもの問いをつなげていくのかを子どもへの見本となるように示していくことが価値ある対話の土台となる。さらにはグループ活動を行った場合，教師は各グループでの対話を聴き取り，

よい対話をしていたグループの対話を見本として全体の場で価値付けていくことも価値ある対話の土台となる。学テの調査問題はこうした教師の活動の大切さを示していると考えられる。

4 おわりに

　学テは様々な調査問題において子どもたちの自立を目指した授業改善が大切であることを示唆していた。したがって，教師には，例えば図6や図7の調査問題の結果をみて「グラフの読み取りの力が不足している」「九九表の見方が弱い」というような矮小化した解釈をすることではなく，調査問題におけるストーリー展開に着目し子どもが他者と協働しながらストーリー展開に示された問いを自ら連続していけるような能力の育成を目指して授業改善に取り組むことが求められていると考えられる。まさに学テは，子どもたちへの「自立への誘い」という授業改善の方向性を示唆している。

　自立した子どもの育成は子どもを放任することと同義ではない。自立に向けた支援について篠原は以下のように述べている（篠原，1933，pp.777-778）。

　「我々は固より生徒の問を歓迎する。何人にも劣らず歓迎する。けれども夫れは『正しく導かれた問』であらねばならぬ。然るに正しく導くには教師の問を外にして其の道はないではないか，自律への道は他律によってのみ拓かれ，自ら正しく問ふは，他から正しく問ひかけられることにその端を発する。或は他に，教師の問に代るべき，又は之に勝れる方法が存するであらうか。」

　子どもが「自律」して自ら「正しく導かれた問」いを問うことができるようになるためには，まず教師が算数として価値ある問いを示し，子どもを導くことが大切なのである。まさに「自律」は「他律」からということであろう。これまでに述べてきたことと篠原の考えを合わせる

と，学テの調査問題で示された活動を子どもが自ら行っていくようにするためには，まずは授業の展開において教師自身が算数として価値ある活動を意識し，教師自ら実践することが重要であることがわかる。学テの調査問題のストーリー展開はこうした価値ある活動の見本となるものと考えられる。

〔引用・参考文献〕
国立教育政策研究所（2012）．全国学力・学習状況調査の 4 年間の調査結果から今後の取組が期待される内容のまとめ．
国立教育政策研究所（2015）．平成 27 年度全国学力・学習状況調査報告書小学校算数．
国立教育政策研究所（2016）．平成 28 年度全国学力・学習状況調査報告書小学校算数．
国立教育政策研究所（2017）．平成 29 年度全国学力・学習状況調査報告書小学校算数．
国立教育政策研究所（2018a）．平成 30 年度全国学力・学習状況調査解説資料小学校算数．
国立教育政策研究所（2018b）．平成 30 年度全国学力・学習状況調査報告書小学校算数．
国立教育政策研究所（2019a）．平成 31 年度全国学力・学習状況調査報告書小学校算数．
国立教育政策研究所（2019b）．平成 31 年度全国学力・学習状況調査解説資料小学校算数．
文部科学省（2008）．中学校学習指導要領（平成 29 年 7 月告示）解説数学編．日本文教出版．
篠原助市（1933）．「問」の本質と教育的意義．教育学研究，2（7），757-784．
杉山吉茂（2012）．確かな算数・数学教育をもとめて．東洋館出版社．

文字式利用の授業構成の視点について
—Sfard の数学的概念の二面性理論をもとに—

1　はじめに

　文字式を利用した事象の一般的性質の探究やその説明に関する学習指導の改善が課題となっている（例えば，国立教育政策研究所，2018）。文字式利用については，これまでも三輪（1996）の文字式利用の図式など有用な枠組みが示されてきたが，現状の改善には，文字式を利用した探究の特性や生徒の実態を踏まえた，より詳細な授業構成の視点が必要であろう。

　こうした課題に対し，本稿の目的は，Sfard（1991）の数学的概念の二面性理論に基づく文字式利用の授業構成の視点を検討することである。そのために，まず，「連続する 3 つ整数（以下，「連続 3 整数」）の和の性質」の探究に焦点を当て，その探究過程を記述する。そして，Sfard の二面性理論をもとに探究過程を整理し，授業構成の視点を考察する。なお，本稿が焦点を当てる「文字式利用の授業」は，中学校第 2，第 3 学年の文字式の単元で扱われる事象の一般的性質の探究やその説明，証明に関する授業である。

2　Sfard の数学的概念の二面性理論

　Sfard（1991）は，数学的概念に対して異なる 2 つの見方，対象として構造的な見方（structural conception）と過程として操作的な見方（operational conception）があるという。Sfard の例によれば，$y = 3x^4$ で表される関数概念について，x の値から y の値を得る方法とみれば過程として操作的であり，順序対 (x, y) の集合全体とみれば対象として構造的である。

そして，Sfardは，二面性をもとに数学的概念の形成過程を図1のように特徴づける。すなわち，操作的な見方が先行し，それが構造的な見方に発展するというサイクルの繰り返しである。また，過程から対象への発展には，内面化，凝縮化，具象化の3つの段階があるとしている。

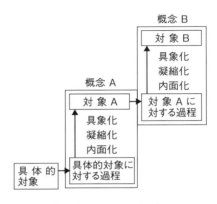

図1　数学的概念の形成過程（Sfard, 1991, p22）

こうしたSfardの理論に着目する理由は，次の2つである。1つは，文字式を利用した探究では，事象の構造を捉え，構造を表す対象として文字式をみることが求められるが，それは同時に困難点でもあり，ここに二面性との関連で検討すべき問題があると考えられるからである。2つ目は，操作的側面の先行性，すなわち構造的な見方が操作的な見方の発展によって実現するというSfardの考えは，授業構成の有用な視点になりうるからである。実際，小岩（2020）では，事象の操作的側面に関わる活動が事象の構造の捉えや文字式を使った探究の促進に寄与することが生徒の実態から示唆されている。

本研究では，この操作的側面の先行性を前提に，文字式利用の授業構成を検討するが，そこで問題になることは，授業においていかにして構造的な見方への発展を促すかである。本稿では，これに迫るために，以下に記述する連続3整数の和の探究過程を，図1に即して整理することを試みる。整理する具体的な観点は，「過程」とその発展によって「創出した対象」，「対象への発展に関する活動」の3つである。

3 「連続3整数の和の性質」の探究過程と二面性理論に基づくその整理

(1) 「連続3整数の和の性質」の探究過程

探究1　数を使って事象から性質を見いだす

　連続3整数の和にはどのような性質があるのか。まずは具体的に計算してみる。和をみると、3の倍数になっていることにすぐに気づく。

$$1+2+3 = 6 \qquad 2+3+4 = 9 \qquad 3+4+5 = 12$$
$$= 3 \times 2 \qquad\qquad = 3 \times 3 \qquad\qquad = 3 \times 4$$

　2桁の数の例を確認しても、$15+16+17 = 48 = 3 \times 16$ となり、やはり3の倍数になる。予想1「連続3整数の和は3の倍数になる」がたつ。

探究2　数を使って連続3整数の和の構造を探る

　予想1の一般性を問題にし、文字を導入することが考えられるが、一方で、「なぜ3の倍数になるのか」が気になる。事象の構造に関する問いである。これについて次の説明が考えられる。すなわち、$1+2+3 = 2+2+2$、$2+3+4 = 3+3+3$ のように、連続3整数の和を、真ん中の整数3つ分の和と見直し、真ん中の整数の3倍とみる説明である。3つの整数を平均する考えである。この説明により、性質「3の倍数」を「真ん中の整数の3倍」とより明確に捉えることができた。

　「和が真ん中の整数の3倍になる」ということは、和が真ん中の整数で決まるということである。和を真ん中の整数の関数としてみることができる。そこで、真ん中の整数を擬変数（藤井，1999）として、最大の整数と最小の整数を真ん中の整数で表すと、式において平均の構造が一層顕在化する（図2式①②）。最大の整数の +1 と最小の整数の −1 が打ち消され、真ん中の整数が3つ残るという構造である。

$$3+4+5 = (4-1)+4+(4+1) \quad \cdots \text{①}$$
$$= 4+4+4 \qquad\qquad \cdots \text{②}$$
$$= 3 \times 4$$
$$= 12$$

図2　構造が顕在化した数字の式

探究3　文字を使って連続3整数の和の構造を一般的に捉える

　構造がみえてきたので，文字を使ってその一般性を確認する。真ん中の整数を n とする（図3）。

$$(n-1)+n+(n+1) \quad \cdots \text{①}$$
$$= n+n+n$$
$$= 3n$$

図3　連続3整数の和の文字式

　図3から，どんな連続3整数でも +1 と −1 が打ち消され，真ん中の整数が3つ残ることがわかる。命題1「連続3整数の和は真ん中の整数の3倍になる」を得ることができた。

探究4　整数の個数を一般化する

　和が真ん中の整数の3倍になるのは，3つの整数を平均してたすからであった。つまり，「3倍」は，整数の個数からきている。それならば，単純に，整数を4つにしたら真ん中の整数の4倍，5つにしたら真ん中の整数の5倍になるのではないかという予想がたつ。予想2「連続する m 個の整数の和は真ん中の整数の m 倍になる」である。整数の個数の一般化である。具体的に確かめると，2+3+4+5 = 14，2+3+4+5+6 = 20 = 4×5 となり，5個の場合で予想2が成り立つことがわかる。

　予想2について，命題1と図3式①の構造を利用した次の説明が考えられる。すなわち，最小の整数の −1 と最大の整数の +1 を打ち消すという構造から，5つの場合は，$n-2$ と $n+2$ を $(n-1)+n+(n+1)$ の両端に

加えれば −2 と +2 を打ち消すことができ，5つの整数を平均して真ん中の整数 n にすることができる（図5）。一方，4つの場合は，$n+2$ をたしても $n-2$ がないので +2 を打ち消すことができない。また，そもそも真ん中の整数がない。真ん中の整数がないのは，整数の個数が偶数だからである（図4）。

$$(n-1)+n+(n+1)+(n+2)$$
$$=n+n+n+n+2$$
$$=4n+2$$

$$(n-2)+(n-1)+n+(n+1)+(n+2)$$
$$=n+n+n+n+n$$
$$=5n$$

図4　連続4整数の和の文字式　　**図5　連続5整数の和の文字式**

ここまでわかると，5つの場合の文字式の両端に $n-3$ と $n+3$ を加えれば7個の場合が，さらに $n-4$ と $n+4$ を加えれば9個の場合が同様に成り立つことがわかる。つまり，真ん中の整数 n の両端に，$n+k$，$n-k$（k は自然数）の $k=1$ の場合から順に加えれば，k を打ち消す平均の構造を保つことができ，予想2が成り立つのである（図6）。

$$(n-k)+\cdots+(n-2)+(n-1)+n+(n+1)+(n+2)+\cdots+(n+k)$$
$$=n+\cdots+n+n+n+n+n+\cdots n$$
$$=(2k+1)n$$

図6　連続する奇数個の整数の和の文字式

このことは，式の形に着目すれば，真ん中の整数 n を軸とした左右対称の式の形をつくることを意味する。$n+k$ と $n-k$ が真ん中の整数 n を軸に線対称の位置にあるという式の形である。この形は，3個の場合（図3式①）からでも示唆されるが，個数の一般化によって，より明確になっている。

この式の形ができる条件は，真ん中の整数が存在すること，換言すれば整数の個数が奇数個の場合である。このことから，命題2「連続する

奇数個の整数の和は真ん中の整数の個数倍になる」を得ることができる。

探究5　整数の個数が奇数個の場合と偶数個の場合を統合する

　整数が奇数個のときは，和が真ん中の整数の個数倍になることがわかった。偶数個の場合も同じように考えられないだろうか。偶数個の場合ができないと考えたのは，真ん中の整数がなく，左右対称の式の形になっていないからである。しかし，改めて4つの場合の式（図7式①）に左右対称の形をみようとすると，第2項と第3項の間を境界に左右に分け，そこに真ん中の数 $n+\frac{1}{2}$ をつくることが思いつく。真ん中の数の「整数」から「有理数」への拡張である。このことを論理的に導くには，真ん中の整数の意味を振り返る必要がある。すなわち，真ん中の整数は「平均した数」でもあった。「平均した数」ならば4個の場合でもあるはずである。4つの整数の和 $4n+2$ を4で割った $n+\frac{1}{2}$ が「平均した数」である。これが真ん中の数である。

$$(n-1)+n+(n+1)+(n+2) \quad \cdots ①$$
$$= \{(n+\tfrac{1}{2})-\tfrac{3}{2}\}+\{(n+\tfrac{1}{2})-\tfrac{1}{2}\}+\{(n+\tfrac{1}{2})+\tfrac{1}{2}\}+\{(n+\tfrac{1}{2})+\tfrac{3}{2}\}$$
$$= (n+\tfrac{1}{2})+(n+\tfrac{1}{2})+(n+\tfrac{1}{2})+(n+\tfrac{1}{2})$$
$$= 4(n+\tfrac{1}{2})$$

図7　真ん中の数を $n+\frac{1}{2}$ とみた連続4整数の和の文字式

　真ん中の数の拡張により，命題2に偶数個の場合を統合した命題3「連続する整数個の整数の和は真ん中の数の個数倍になる」を得ることができる。

⑵　二面性理論に基づく「連続3整数の和の性質」の探究過程の整理

　探究1，2では，連続3整数の和の観察から性質「3の倍数」を見いだし，計算過程に着目して3の倍数になる理由を説明した。そして，擬変数の導入により，和が真ん中の整数の3倍になることとその平均の構

造を捉え，探究3で文字式を使ってその一般性を確認した。これにより，連続3整数の和を構造的にみることが可能になった。命題1と平均の構造，それを表す文字式 $(n-1)+n+(n+1)$ を創出した対象とみると，過程は，連続3整数の和を求める計算といえる。対象への発展に関する活動は，連続3整数の和を求める計算の実行と，和や計算過程の観察，数字式や文字式による構造の説明である。

　探究4では，式 $(n-1)+n+(n+1)$ とその構造を利用して，整数が4個の場合と5個の場合の文字式をつくり，その対比から構造を保存する条件「奇数個」を見いだしている。そして，7個，9個の場合の文字式をつくり，構造の保存を根拠に奇数個全体に一般化可能なことを捉えている。命題2と奇数個全体に拡げた構造，それを表す左右対称の式の形を創出した対象とみると，過程は，連続する奇数個の整数の和を求める計算といえる。計算の対象として 3+4+5+6+7 のような特定の整数と図5のように文字で表した整数一般が考えられるが，一般化の文脈を踏まえると，連続する整数の具体を不問に付し，連続する整数の個数に焦点が当たる後者が主たる計算対象といえる。対象への発展に関する活動は，その計算の実行と，式 $(n-1)+n+(n+1)$ を利用して5個，7個といった整数が奇数個の式をつくること，構造を視点に式を読むことである。

　探究5では，構造の保存を視点に4個の場合の式を読むことにより，偶数個の場合を統合している。命題3と整数個全体に拡げた構造，それを表す左右対称の式の形を創出した対象とみると，過程は，先と同様に考えれば整数一般を対象とした連続する偶数個の整数の和を求める計算といえる。対象への発展に関する活動は，その計算の実行と式 $(n-1)+n+(n+1)$ を利用して連続する整数が偶数個の式をつくること，構造を視点に式を読むことである。

　以上を図1に即して整理すると図8になる。探究1から3，探究4，

探究5をそれぞれサイクルとする一連の概念形成過程である。探究4と5を，整数個に一般化する1つのサイクルとみることもできるが，「真ん中の数」の見方が変わることから2つに分けることにした。なお，内面化，凝縮化，具象化は，本稿の焦点ではないため省略する。

　各サイクルで創出した対象は，命題，構造とその式表現である。命題の一般化に伴い，構造とその表現である左右対称の式の形もより一般的な形に洗練されている。一方，対象への発展に関する活動に着目すると，連続する整数の計算の実行や整数の個数を変えた式の創出など，性質や構造を見いだすための式をつくる活動がある。そして，探究1から3では創出した式から構造を探り，探究4以降では構造の保存を視点とした式を読む活動がある。全体として，式をつくる活動と，つくった式と構造を関連づける活動がある。

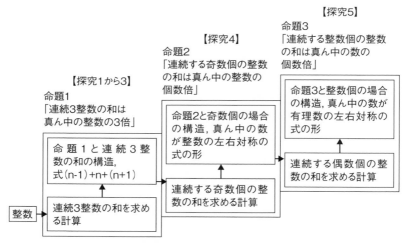

図8　Sfard の二面性理論からみた連続する整数の和の概念形成過程

4 文字式利用の授業構成の視点

(1) 数を使った探究における事象の構造に焦点を当てた問いの設定

探究は，事象の構造を捉え，それを視点に進展している。では，構造をどのように捉えたのだろうか。構造を捉えるには，まず，構造を問題にする必要がある。実際，見いだした性質「3の倍数」について「なぜ3の倍数になるのか」という問いが構造を考え，捉えるきっかけになっている。

一般に，事象の一般的性質の探究では，「いつでも成り立つか」という一般性に関する問いと「なぜ成り立つのか」という構造に関する問いがある。文字式利用の授業では，文字式が一般的表現であるがゆえに，前者の問いが強調されがちだが，事象の理解の観点からすれば後者の問いも重要である。

さらに，操作的側面の先行性の観点からいえば，そうした問いを，本探究のように文字を導入する前の数を使った探究において設定することが重要である。数を使った計算の実行や計算過程の観察といった操作的な見方による探究を促し，事象の操作的側面の理解を深めることにつながるからである（小岩，2020）。また，生徒にとって具体性があり，構造が捉えやすいという利点もある。数を使った探究において事象の構造に焦点を当てる問いの設定が，授業展開を考える上で重要な視点になると考える。

(2) 構造を顕在化させる事象の表現

数を使った探究で構造について考えさせれば，必ず構造を捉えられるというわけではない。構造の捉えを促すための手立てが必要である。その手立てとして，構造が顕在化するように事象を表すことが重要である。実際，探究2では，3+4+5＝(4-1)+4+(4+1)（図2式①）と表したことが，打ち消される定数1と3倍される変数4を顕在化させ，平均

の構造を明確にしている。Sfard（1991）は，構造がみえる表現が構造的な見方を促しうることを主張するが，式（4-1）+4+（4+1）はまさにこうした表現に相当する。また，式（4-1）+4+（4+1）は，文字式$(n-1)+n+(n+1)$と式の形が同じになるため，文字化を容易にし，$(n-1)+n+(n+1)$との関連がみえやすいというよさもある。

　では，式（4-1）+4+（4+1）に表すきっかけはどこにあったのだろうか。それは和を決める要素として「真ん中の整数」を特定したことにある。和を決める要素の特定が，要素を明示した式表現につながっている。このことは，事象の構造を探る際，「何によって決まるか」という関数の考えを働かせることの重要性を示している。何が結論に依存し，何が依存しないのか，そうした眼で事象を観察し，式をよむことが重要である。そして要素を特定したら，（4-1）+4+（4+1）のように，要素を意図的に計算しないことにより，構造を顕在化させるのである（藤井，1999）。数字の式は，計算できてしまうがゆえに，要素が明示されるように，式に表すことへの配慮が必要である。

⑶　事象の構造と要素の関連づけ

　先に整理したように，探究全体を通して，対象への発展に関する活動として，集合の要素の式をつくる，構造の視点から式を読む活動があった。こうした活動は，どのように解釈されるのだろうか。

　一般化は，はじめに捉えた性質や構造の適用範囲を拡げることである（中島，2015）。従って，上記の活動は，一般化しようとする性質が集合の要素において成り立つかを調べ，一般化可能性を探る活動としてみることができる。一方で，構造が視点になっていることに着目すると，構造と集合の要素の式を関連づける活動としてもみることができる。中村（2010）は，授業における数学的対象の構成過程を対象と方法の観点から分析し，対象と方法が関連づけられることで新たな対象が創出されることを指摘する。方法を構造，対象を集合の要素の式とすれば，構

48

造を利用して式をつくったり，構造の視点から式を読んだりすることによって，構造と要素の式が関連づけられ，新たな対象として一般化された命題や構造が創出されているとみることができるのである。

　この構造と要素の式の関連づけは，実際には，構造を表す式の形と要素の式の形を同じとみることによって行われていた。平均の構造を左右対称の式の形にみて，それと同じ形になるように式をつくったり，式が同じ形になっているかを読んだりすることによって，構造と要素の式の関連づけが行われているのである。式の形に着目するのは，式の形に構造が表れるからである。文字式を使った探究では，これまでも性質の一般性を捉えるために個々の要素を調べることを重視してきた。ここで示唆されることは，そうした活動において構造や式の形に着目させ，それらと要素の式を関連づけることの重要性である。このことは構造的な見方への発展を促す重要な視点になると考える。

5　おわりに

　本稿で示した探究過程は，理想的な形で進んだ場合の一例であり，実際の生徒の探究は，事象と数字の式，文字式を頻繁に行き来しながら進展するのが普通であろう。今後の課題は，本稿で示した授業構成の視点をもとに授業を構成実践し，こうした生徒の実態を踏まえた実証的検討を行うことである。

〔引用・参考文献〕
藤井斉亮（1999）．「数字の式」から「文字の式」に至る指導─擬変数について．杉山吉茂先生ご退官記念論文集編集委員会編，新しい算数・数学教育の実践をめざして─杉山吉茂先生ご退官記念論文集（pp.153-162）．東洋館出版社.
小岩大（2020）．生徒の文字式利用の様相に関する一考察─速算の探究に焦点を当てて．日本数学教育学会誌，102（7），2-13.
国立教育政策研究所（2018）．平成30年度全国学力・学習状況調査報告書中学数

学．https://www.nier.go.jp/18chousakekkahoukoku/report/data/18mmath.pdf
（2020.6.24 最終確認）

三輪辰郎（1996）．文字式の指導序説．筑波数学教育研究，15，1-14.

中島健三（2015）．復刻版算数・数学教育と数学的な考え方―その進展のための考
察．東洋館出版社.

中村光一（2010）．数学授業における数学的対象の構成過程に関する考察：対象と
方法の観点から．第 43 回数学教育論文発表会論文集，253-258.

Sfard, A.(1991). On the dual nature of mathematical conceptions：Reflections on
processes and objects as different sides of the same coin. *Educational Studies
in Mathematics,* 22(1), 1-36.

数字の式から一般性のある式を
つくることを重視した
文字の導入

佐々木 陽平

1　はじめに

　文字の指導では，数字の式と文字の式を関連づけながら指導すること
は肝要である（藤井，2006）。小学校で子どもたちは主に数字の式を用
いて算数を学習してきているので，中学校での文字の導入期で，文字の
式と数字の式を関連づけることはより一層大切となる。また，文字指導
では文字のもつ一般性の理解は欠かせない。そこで，本稿では数字の式
から一般性のある式をつくることを重視した文字の導入を実践し，その
実践を振り返ることで，導入期における文字の指導への示唆を得ること
を目的とする。

2　授業の構想

　教材はマッチ棒の本数を
求める問題である（藤井
他，2011）。

　問題を提示するときに，
課題として「求め方を1つ
の式で表すこと」と「2通
り以上の方法で求めるこ

マッチ棒を並べて，正方形をつくります

正方形を20個つくるにはマッチ棒は何本必要か

図1　マッチ棒の本数を求める問題

と」を指示する。式について話し合うためと，他の人の考えを理解する
ための素地をつくるためである。学級全体の話し合いでは，式と図の対
応を整理する。与えられた数を表していない式について立式の根拠を発
問し，与えられた数を顕在化させる。これを繰り返すことで，与えられ
た数を擬変数とみて，数字の式に一般性をみる場面をつくりたい（藤
井，2006）。

マッチ棒の本数の求め方や式の表し方について話し合ったところで、「正方形の個数がいくつになっても、マッチ棒を求める公式をつくろう」と発問する。子どもたちは授業で扱った式や自分で考えた式を振り返り、文字・言葉・□などを使って表すと考えられる。これらの式を取り上げ、与えられた数がいくつになっても答えを求めるには与えられた数を文字・言葉・□などに置き換えて式に表せばよいとまとめる。

本時で、文字・言葉・□などを同等な表現としてまとめる理由は、マッチ棒の求め方の一般性を考える文脈では文字・言葉・□を用いて一般性を表すよさは変わらないと考えたからである。

また、東京書籍の教科書では文字や計算記号を含む式がマッチ棒の本数（数量）を表すものとして扱われている（藤井，2015）。しかし、計算の過程が一つの数量を表すことの理解は一般性の理解とは異なる困難性があるかもしれないことを懸念して、マッチ棒の本数を求めるための公式をつくらせることとした。

3　授業の実際

授業日は 2020 年 9 月 2 日 10：00〜10：45 である。授業の対象は国立大学附属中学校の 1 年生のクラス 36 名である。また、分析の資料は後方からのビデオカメラで撮影した映像データと、授業後に回収したノートの本時分のコピーである。

⑴　マッチ棒の本数を求める

構想で示した問題と課題を提示した（図 2）。問題について正方形の 1 辺について 1 本のマッチ棒を使うかどうかの質問がなされ、正方形 1 辺について 1 本のマッチを使うことを確認した。マッチ棒の本数を求める自力解決の時間をとっ

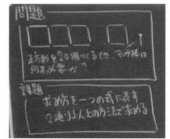

図 2　問題と課題

た。

⑵ 求め方を表した式について話し合う

　まず，HTくんが4+3×（20-1）=61を発表し，他の子どもが1+3×20=61を付け足した。求め方についての質問が出なかったが，共有なされたか不安だったので，図との対応を本人たちに説明させた。

　その後，CHさんが4×20-（20-1）=61という式と重なっている部分を取り除く求め方を発表した（図3）。この式について，20-1と19のどちらで表した方がよいか話し合いがなされた。過程を表す意図で20-1と表したかったということで話し合いは落ち着いた（場面① 15：40～）。

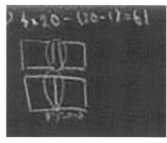

図3　4×20-（20-1）=61

　他にも，20×2+（20+1），2×20+1×20+1，（4×10）+（2×10）+1について求め方や式の関係について話し合われた。そして，HSさんが変化に着目して4+3

図4　4+3×（正方形 -1）

×（正方形 -1）という式をたてたことを説明し（図4），話し合っていく中で，HTくんの4+3×（20-1）の20が正方形になっているのがHSさんの式であるというよみがなされた（場面② 26：00～）。この話し合いの最後に，何をひとまとまり（正方形やコの字など）とみているのかを整理した。

⑶ マッチ棒の本数を求める公式をつくることについて話し合う

　正方形の数がいくつになってもマッチ棒の本数を求める公式をつくろうと投げかけ，ノートに考えを書かせて，式を発表させた。3×□ +1，（4-1）×（正方形の個数）+1，6×（正方形÷2）+1の式が取り上げられた。他の子どもから四角形から正九十六角形に発展させる意見が出てきた。

さらに，MR くんがどの式でも 20 を正方形の数にすればいいことを主張した（場面③ 40：42）。最後に，$x+y-(y-1)$ まで x 角形・y 個数と一般化した式が発表された。

話し合いを振り返って，「いつでも」を考えるときは文字・言葉・□を使えばいいとまとめた。そして，学習感想を課題として授業を終えた。

4 考察

⑴ 求め方を一つの式に表すことの価値

場面①で 20-1 を 19 と表したらどうかという意見をきっかけに，20-1 と 19 のどっちの表現がいいのか，次のように話し合いがなされた。

HR：普通にいらないものを削除するんだったら，20-1 じゃなくて19。4×20 じゃなくて 19 にする。括弧 20-1 っていう表しを 19に。そのまま計算しても。その方が。ありえるんじゃないかな。

T：なるほど。

HR：いらないものを削除するんだったら，削除する分だけを引いてあげればいいかなと思いました。

S：いいと思います。

T：どう。うーん。

SS：19 ってどっから来たのって思う。

KM：あ，そうそう。

T：SS さんどうぞ。

SS：え。これだったらなんか。今回の課題は求め方を 1 つの式に表さなきゃいけないんだから。19 がいきなり来たら，どこから出てきたのかわからないんじゃないかな。

T：あー

S：なるほど。

T：なるほど。ぼくもなるほどって。19 はどこから来たのかわからないと。あー。他にこれに疑問付け足しある。MY くんどうぞ。

MY：<u>四角の並んでいるところの間の数が，個数 −1 になるっていうのは必要だと思うので。だからそれは書いといた方がいいと思う。</u>

T：なるほどね。これは個数 −1 だから書いといた方がいい。えー。KM さんは？

KM：いや。あああえっと。

T：いいよ。

KM：えーっと。19 だと塊に見えるから。どちらかというと。えっと。かぶっている中の 1 だから，1×19 にした方がいいんじゃないかな。

T：1 かける何？

KM：19 です。

T：あー。新しいね。1×19。なるほどね。えーっと。もともと式に表した CH さんだね。CH さんはどう考えたのか。どうですか。

CH：あ −。その 3 人の・・・。

T：3 人の意見。

CH：言う通り。

T：言う通り。That's right みたいな。（笑い）

CH：<u>個数 −1 っていう。やっぱり。過程を表したかった。</u>

T：あっ。この。いいこと言うね。過程を表したかった。なるほどね。過程を表したい。

　まとめると，SS さんは 19 を 20-1 と表すのは求め方を 1 つの式に表すのが課題だからであり 19 だと求め方がわからないと言う。それに付

け足す形でMYさんは個数 −1 と表した方がいいと言葉の式を使って指摘をする。KMさんは 1 本を表すために 1×19 がいいという。そして，CHさんがそれらの意見を聞いて，過程を表したかったと自分の考えを捉えていた。

　これらの話し合いで，子どもたちは正方形の個数がいろいろな数をとりうるという文脈は特に共有されていない。彼らは求め方をどうやって式に表すべきか話し合っている。特に SS さんは「19 がいきなりきたら，どこから出てきたのかわからない」と言い，読み手が式をよむときのわかりやすさに言及している。これらの話し合いをふまえると，子どもたちが与えられた数を使って式に表しているのは，求め方を読み手に伝えようとしているからではないだろうか。それは，求め方を 1 つの式で表すことを教師から課題として要求されているからである。すなわち，求め方を 1 つの式で表すことを考えさせたからこそ，読み手がわかりやすく式をよむためには与えられた数で数字の式に表した方がいいという主張が生まれたと考えられる。

　数字の式にある一般性を顕在化させる契機として，数字の式を単に計算の対象とみさせないことや数量の関係を表しているとみさせることは「求め方を式に表せること」と整合的である（藤井，2002，2006）。つまり，数字の式について変数を直観させずとも，まず，数字の式について数量の関係を捉えさせて，式に表させることが一般性のある式をつくる第一歩である。このような点で，求め方を 1 つの式で表させることは価値のあることだと考える。

⑵　数字の式から一般性のある式をつくるプロセスの検討

　マッチ棒の本数を求める自力解決では一般性を考える文脈は共有されていない。しかし，場面②では一般性のある式が発表された。その式は他のクラスメイトの式と関連付いているという話し合いが次のようになされた。

HS：1個ずつ正方形にマッチ何本使ったか数えていったんだけど，1個作るのに4本で使って。2個作るのに7本使って。3個作るのに10個。10本使って。4個作るのに13本使って。3個ずつ増えていってるので。

T：ほうほう。はいはい。

HS：でそれを気にすると，4+3×（正方形 −1）＝マッチ棒の本数になるから。それに20を入れて。作りたい正方形のところに20を入れると61。

T：わかった？うなずいてるのがOZくんしかいない。多分まだわかってないんじゃないかな。今の補足できる人いる？こういうことじゃないかなって。補足だからな。えーっと。NKくんどうぞ。

NK：<u>さっきのHTのやつを20のところを正方形にしただけで。</u>

T：どれだっけ。

S：HTくんの。

T：あー。

NK：HTの。HTくんのやつ。

T：これ（20）を正方形にしただけ。あ，そういう関係があるのか。えーっと。SMさんは。

SM：<u>一緒で。数を入れる部分が正方形の数の部分と。HTくんの式と。それ以外，数を入れてないとき以外はHTくんの式と一緒になる。</u>

T：あー。なるほどね。数を入れてない以外はHTくんと一緒だと。SMさんとHTくん（発言したのはNKくんなので言い間違え）。付け足しある。HSさんどう。

HS：その通り。

T：ザッツライト。ここ（20）が正方形になっているってことかな。

HS さんは正方形の個数を独立変数，マッチ棒の本数を従属変数と捉えて，マッチ棒の本数と正方形の個数を関数的に捉えている。これによって，正方形の個数が変数となり，一般性のある式がたてられている。

　しかも，NK くんや SM さんは 4+3×(20-1) の 20 を「正方形」にしたのが HS さんの式だと言う。SM さんはさらに 20 以外は 2 人の式は同じであると言う。すなわち，この話し合いにおいて 20 は一般性を含んでおり，まさに擬変数として顕在化され，他の数は定数としてみなされている。

　また，正方形の個数がいくつになってもマッチ棒の本数を求める公式をつくろうと問いかけて，自力解決の時間をとった。このときの自力解決におけるノートの記述だと思われるところをみると，すべての生徒が正しく，言葉・文字・□などを用いて一般性のある式を書いている。例えば，OG くんは正方形 20 個のときと

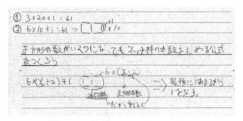

図5　一般性のある式をつくる

同じ求め方で一般性のある式をつくっている（図5）。

　このときの話し合いにおいて，数字の式から一般性のある式をつくるプロセスに関する言及は話し合う場面③における MR くんの発言のみである。

MR：黒板に書いてある式だったら，多分どの式でも 20 とかの数のところを正方形の数に変えれば全部成り立つと思う。

T：なるほど。そうみてるのか。

MR；なんか。−1 をするとか 4 をかけるとかは正方形に共通するこ

> とだと思うので，20 っていう何個作るかってことを変えれば，
> いろんな式でも成り立つと思う。
> T：なるほど。うなずいているね。どの式でもいいんだね。

　MR くんはどの式についても 20 を正方形の数に変えればいいと言う。しかも，−1 や 4 は正方形に依存することで，個数には無関係であることにも着目している。すなわち，数字の式において正方形の個数を変数とみたときに，定数を表す数字と変数を表す数字を明確に捉えている。話し合う場面では子どもたちは納得している様子だった。

　このように 20 を擬変数とみる場面が複数見られる。一方で，学習感想をみると，数字の式における擬変数を一般性のある表現に置き換えることに言及しているのは次の 3 名だけである。

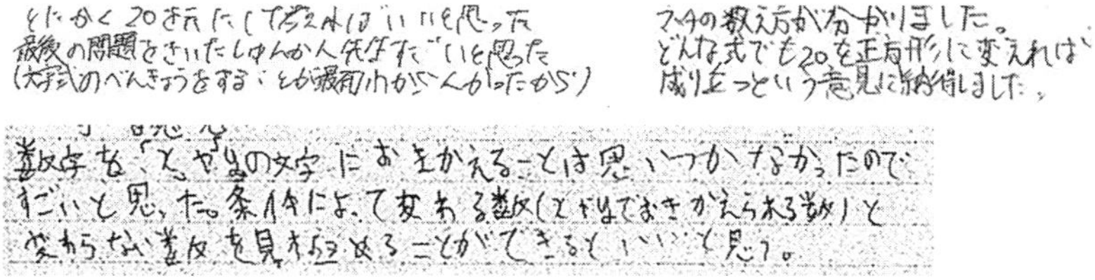

図6　擬変数を一般性のある表現にすることに言及した学習感想

　数字の式から一般性のある式をつくるプロセスについて学習感想を書いていることはこの授業の成果の一つである。ただし，その人数は 36人のうち 3 人と少なく，大半の子どもが求め方の多様性について注目していることは課題の一つである。この要因の一つは数字の式から一般性のある式をつくるプロセスについて振り返ることや話し合うことをしなかったことであると考える。すなわち，算数から代数への移行をスムーズにする視点として「算数の問題解決過程を振り返ることを通して，背

後にある数学的な過程やアイデアを捉える機会を意図的に設定する」（藤井，2002, p.168）といわれているが，この言葉を借りれば，一般性のある式をつくる過程を振り返ることを通して，擬変数を文字などに置き換えればよいというアイデアをとらえる意図的な機会を設定しなかったのが原因である。

代案の手立てとして，どのように公式をつくったのかを振り返ることをノートに記述させたり，話し合いで公式をつくるプロセスについて問うたりしながら，一般性のある式をつくるプロセスに焦点化することが考えられる。

5　指導への示唆と今後の課題

数字の式から一般性のある式をつくることを重視した文字の導入の実践を通して，2つの指導への示唆が得られた。一つは，求め方を1つの式に表させることで，子どもたちは求め方を意識し，問題に与えられた数を使って式に表現するということである。もう一つは，この授業では子どもたちは数字の式から一般性のある式をつくることはできたが，そのプロセスについて考えさせないと，子どもたちはそのプロセスを学習の内容として意識しないということである。プロセスを顕在化させるために，どのように一般性のある式をたてたかを振り返らせることが肝要であると思われる。これについての実証的な考察は今後の課題である。

〔引用・参考文献〕
藤井斉亮（2002）．C2 数と計算の学習指導における擬変数の役割に関する研究（C.【数と計算・代数】，論文発表の部）．数学教育論文発表会論文集，35，163-168.
藤井斉亮（2006）．C11　初等教育段階における代数的思考の育成：擬変数の理解に焦点を当てて（C.【数と計算・代数】，論文発表の部）．数学教育論文発表会論文集，39，307-312.
藤井斉亮　俣野博 他 39 名（2015）．新しい数学 1．東京書籍.

立方体の対角線を作図する問題の解決の検討場面に関する教材研究
―「対象／視点」の明確化の意義―

樺沢 公一

1　はじめに

　本稿の目的は，空間図形の授業計画における教材研究として「何をどこから観る[注]か（対象／視点）」を明確にする意義を明らかにすることである。

　太田伸也 (2009) は，子どもに考えさせる授業の意義を，「当面する問題の解決に取り組む試行錯誤の中から，解決に都合のよい置き換え（写像）を見いだす過程を子どもの活動にすること」にあるとし，「空間図形の問題を考えるときには，解決に都合のよい平面図形，平面図形の問題に置き換えることが有効である。着目すべき平面図形を与えるのではなく，空間図形に向き合わせることであり，模型をつくったりそれを観察したりする活動はその例である。」と，模型をつくったり，それを観察したりする活動が，豊かな数学的活動として位置付いてくることを述べている。

　空間図形の授業において，子どもの活動を豊かな数学的活動として位置付けるのに有効な切り口として，太田らによる一連の研究（太田伸也，2019) が挙げられる。同研究では，空間の想像力の育成を学習の目標として明示し，空間図形に関する生徒の問題解決活動を把握し分析するために，「何をどこから観る[注]か（対象／視点）」に関する枠組みを提示し，事例検討を通してその枠組みの有効性を吟味し，「空間図形の問題解決場面では「対象／視点」の顕在化が必要であること，また，「空間の想像力」とは適切な「対象／視点」の選択と変更ができることであり目的に応じた変換を見出す過程であること」（太田伸也，2019，p.97）を明らかにしようとしている。

　太田伸也 (2019，pp.96-101) では，「対象／視点」の枠組みの再検討

をし（表1），空間の問題解決を取り入れる授業計画について，次の
（イ）〜（ハ）を示唆としてまとめている。

表1　「対象／視点」による枠組みの改訂

対象 F／視点 V	視覚の視点 V	想像の視点 Vi
実際の空間図形 F	F/V	—
2次元表示 F_2	F_2	—
想像の図形 Fi	—	Fi/Vi

（イ）**授業計画における「対象／視点」の明確化**
（ロ）**生徒の活動における「対象／視点」の顕在化**
（ハ）**問題提示等の方法を「対象／視点」を意識して選択すること**

（イ）は，問題解決過程で中心的な役割を果たす変換に対応する「対象／視点」と，問題提示の方法を選択する際の「対象／視点」を検討しておく必要性を述べている。この点の明確化（教師による意識化）により，空間の想像力育成を目標に位置付ける役割を果たす。（ロ）は，（イ）に基づき子どもの思考における「対象／視点」を把握するとともに，必要に応じて協働の場面における「対象／視点」の共有のための手立てを講じることの必要性を述べている。また，実際の授業では計画した「対象／視点」とその変容を生徒の活動として顕在化できたかを評価する役割を果たすと説明されている。（ハ）は，（イ），（ロ）を踏まえ，言葉での提示や，現実世界の事象や立体模型を見せて提示する等の選択を考える必要性を述べている。

本稿では，上の示唆の特に（イ）に取り組み，授業計画において「対象／視点」を明確にすることでわかってくる生徒の活動や指導の手立てについて書き出してみることで，その意義を明らかにすることを目的とする。

2 問題について

　本稿で考える問題は，中学校第1学年で「1辺5cmの立方体の対角線と等しい長さの線分を作図せよ」という問題を扱った際に生徒から出された，「立方体が正六角形に見えるときの正六角形の対角線の長さが，立方体の対角線の長さに等しくなる」という考えを検討するものである。次のような問題として扱うことを考える。

問題　立方体の対角線と同じ長さの線分を作図するとき，正六角形にみえる（図2）ことをもとにして考えた。本当にうまくいくだろうか。

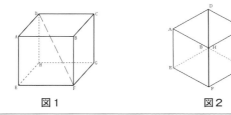

図1　　　　　　　　　　　　　図2

　この問題では，視点の選択や変更，対象のよみが重要となり，見取図や投影的な図を互いに関連させながら論理的に考察することが生徒の活動となる。

　以下では，対象を観る観察者の目の位置を視点とする。また，視点と対象上の1点を結ぶ直線を視線とするとき，視線と直線 BH が重なるためこれを視線 BH と呼ぶことにする。

　立方体の対角線を視線とする向きでの正射影は正六角形である。この正六角形の対角線は，立方体の対角線の実長を表しているかを考える問題である。例えば，図1の立方体を線分 HB の延長上に視点を置いて観ると，図2のような正六角形に見える。このとき立方体の対角線 DF は

実際の長さに見えるだろうかという問題である。

3　問題の解決過程における活動

⑴　問題提示における「対象 / 視点」の選択

　問題提示の仕方はいろいろに考えられる。例えば，立体を見せずに言葉によって提示し（Fi/Vi），教師が透明な立方体の模型の中に対角線と見立てた棒を入れたものを見せながら（F（模型）/V）問題把握させていく。そして，全体で議論しやすくするために，投影的な図を板書して（F₂（投影的な図）/V）考えさせる。問題提示においては，想像する難しさに直面させる（「Fi/Vi」）ことで課題意識を高め，「対象 / 視点」を選択，変更，変容させる（「F/V」や「F₂」）必要感をもたせることを意識したい。

　また，図１の見取図で，「立方体が正六角形に見えるのはどの方向から見たときか」を問い，「B と H が重なる方向から見る」というように（図２），視点を明示する必要性を意識化していくことも重要である。

　「立方体の対角線と同じ長さの線分を作図するとき，（立方体が）正六角形にみえる（図２）ことをもとにして考えた。本当にうまくいくだろうか。」と生徒に問うても，「DF が実際の長さにみえているか」という真の問題を見いだすことは簡単ではない。この考えに対して「うまい」，「なるほど」と感動する生徒も多く，「本当にうまくいくだろうか」はすぐに子どもの問題とはならず，以下の（2）〜（4）のような反応の方が先に出てきやすい。これらの反応の吟味を，問題把握に活かすことを考える（樺沢，2020）。

⑵　対角線の長さは 10cm なのか―線分が実長に見えているかを問う―

　図２のような問題を考えやすくするための投影的な図を見てすぐに，「立方体の対角線は 10cm だ」という声が上がる。AE=5cm だから，DB+BF=10cm であるというのである。これを聞いて「本当だ」，「なる

ほど」と頷く生徒は少なくない。これについては，例えば，見取図と関連させながら辺 DH も辺 HF も傾いていることから，実際の長さよりも短く見えており，対角線は 10cm ではないと説明することができる。このように，投影的な図に表れる線分が実長かを考えさせることは，投影図（対象）のよみ方に関する関心を高める契機になりうるという点で，意味のある活動である。

(3) 正六角形に見えているのか―立方体の各辺の長さへの着目―

「そもそも正六角形に見えているのか」ということも問題になりうる。生徒にとって説明することは簡単ではないが，例えば，図 2 について，BF と DH が重なる方向から立方体を見て B と H が重なるまで傾けると正六角形に見えるので，AE と BF と CG と DH が同じだけ傾いていることがわかり，AE=BF=CG=DH であるといえる。同様にして，FG=BC=AD=EH，CD=BA=FE=GH であることもわかり，6 つの正三角形が合わさってできていることから六角形 AEFGCD は正六角形に見えると説明することができる。

これについては，議論が混乱する可能性もあるため，生徒の実態に応じてはじめから前提として問題にしない方がよいかもしれない。

(4) 正六角形を作図できるのか―実長として表れている線分を探す―

そもそも投影的に見た図 2 の正六角形を作図することができるのかということも問題になりうる。作図するためには実際の長さが必要となり，投影的に見た正六角形の図（F_2/V）の中に実長として表れている線分をみつけることが課題となる。投影図に実線としてかかれていないこともあり，立方体は何度傾いているのかを課題としたり，作図はできないのではないかと行き詰まったりする者もいる。ある程度考えさせた上で，図 2 に実長が表れていないかを問い，課題を明確にする等の手立ても必要であろう。図 2 をよく観察すると，CA，AF，FC が実長であることがわかり，CA=AF=FC なので△ AFC が正三角形であることがわか

る。同様に△DEG も正三角形であり，これら 2 つの三角形が重心を中心にして 180°回転した位置関係にあることをもとにすれば，正六角形の作図が可能である。

　以上のように，（2）〜（4）のような反応を適宜丁寧に取り上げることは，投影的な図のよみを深め，「図 2 の対角線 DF は実際の長さに等しく見えているのか」という真の問題の把握につなげていく役割が期待できる。

⑸　対角線をまっすぐ見られているのか─視線を顕在化し対象化する過程─

　図 2 の対角線 DF は立方体の対角線 DF の長さに等しいかという問題を，数学的な問題として表現する過程における生徒の活動の様相は様々であるが，例えば，以下の①〜③のような問いの段階を想定しておき，授業で顕在化していくと，議論が整理しやすくなると考えられる。

　　①「まっすぐに見られているか」
　　②「視線と対角線 DF は垂直に交わっているか」
　　③「BH ⊥ DF か」

　例えば，授業で①の「まっすぐに見られているか」という表現を授業で共有したとしても，視線が顕在化されていない者，③のような図形の問題に帰着した者，などいろいろである。そこで，②，③のような対象の変容の段階を授業計画において明確化・意識化しておくことで，視線を顕在化し，図形の問題に帰着していくという「対象／視点」の変容・共有の過程を生徒の活動として顕在化する授業をデザインしやすくなる。また，生徒の発言や活動を把握しやすくなり，問題を図形の問題として数学的に表現する過程や，協働の場面における「対象／視点」の共有のための手立ても考えやすくなる。

⑹　平面図形の問題としての解決の例

　「立方体の対角線 DF と視線 BH が垂直か」と置き換えられた問題の

いくつかの解決を挙げていく。DF と BH の関係を調べるために「何を
どこから観るか（対象 / 視点）」の選択や変更をすることが生徒の活動
となる。また，考えを共有するために視点を明示することも大切な活動
である。

（ア）長方形 DHFB を AE と CG が重なる方向から観る（F₂/V）

　図3のように，辺 AE と辺 CG の重なる方向から，BH と DF を対角線
とする長方形 DHFB を観ることで，「視線」
や「実長に見える」ということを，長方形
DHFB の対角線の関係の問題に置き換え，視
線 BH と対角線 DF が垂直ではないことを説
明することができる。

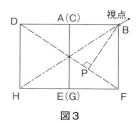

図3

　説明は，「長方形の縦よりも横の方が（DH
よりも DB の方が）長いので長方形 DHFB の対角線は垂直に交わらな
い。」というものが多いと考えられる。また，実際に図3のように長方
形を作図して「頂点 B から DF へ垂線 BP を作図し，P が長方形 DHFB
の対角線の交点（視線と対角線の交点）と一致しないから，視線 BH と
対角線 DF は垂直には交わらない」とする生徒も複数いた。このように
同じ対象を観ていても，対象のよみが異なる場合がある。

（イ）模型の観察による方法（F/V）

　フレームタイプの立体作成用教具とともに，対角線を可視化するため
にひもを用意して授業を行った際，次のような工夫をする生徒が複数名
いた。

① 対角線を地面と垂直にし（視線）⊥（対角線）となる方向から観る
（F/V）

　図4のようにして対角線に見立てたひもを持ってぶら下げ，対角線
DF が実際の長さに見えるようにして考えた生徒がいた。このとき，対
角線は視線と垂直になり，まっすぐに見えたことになるが，頂点 B と

Hがずれて見え，立方体は正六角形に見えなくなってしまう。つまり，立方体が正六角形に見えるとき，対角線は実際の長さに見えていないとわかる。

② **視線を地面と平行にして真上から観る（F/V）**

図6のように，ひもを視線とみて地面と平行にして水平方向に置き，真上（鉛直方向）から見て確かめることもできる。真上から見ると，DとFがずれて見える。つまり，立方体が正六角形に見えるとき立方体の対角線DFは視線と垂直ではないから，対角線は実際の長さに見えていないとわかる。

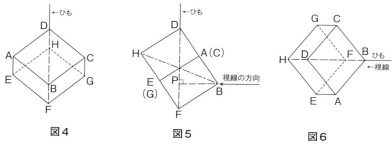

図4   図5   図6

①と②は，図4，図6のように観ると同時に図5のように真横から見た図を想像し（Fi/Vi），そこに論理を働かせて考えているといえる。どのように置き換えて解決しているのかを丁寧に共有することが大切である。

⑺ **異なる「対象／視点」を関係付ける（F₂/V）**

さらに，異なる「対象／視点」を関連付けて見方を深めることもしたい。

例えば，図4と図5を対応させると，BとHがDFの3等分点に見えてくる。また，図8正六角形を作図するときに必要な△DEGと△AFCに着目して図7～図9を並べて観察すると，どのようにして正六角形に見えているのかがわかってくる。図7の見取り図だと，2つの正三角形

が離れていることがわかり，図9のDEとAFに着目すると，2つの正三角形△DEGと△AFCが視線と垂直に等間隔に並んでいることも見えてくる。

　実際の授業では，図を観察してわかることを生徒に言わせたり，立方体の性質に関する新しい問題として取り上げたりしてもよい。

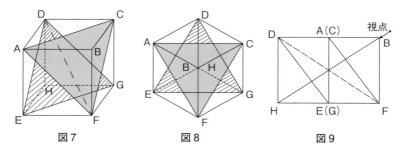

図7　　　　　　　　図8　　　　　　　　図9

　ここでの記号の働きは，特に重要である。上のように，各要素を対応させて板書し，観察や共有をしやすくすることで，複数の2次元表示（F_2/V）やそれらの関連を頼りにして空間図形を想像する（Fi/Vi）ことが促される。

4　問題の発展性

　本稿の問題は，中学校のそれぞれの学年なりの扱いが可能である。例えば，第2学年で扱うならば，BHとDFが垂直には交わらないことを証明することが可能である。第3学年で扱うならば，図8の正六角形の面積を求めたり図3のPFの長さを求めてPが3等分点になっていることを証明したりする等，立方体の性質について探究的に学習することも可能である。

5　まとめと今後の課題

　本稿では，空間図形の授業計画における「対象／視点」の明確化を，

これまでの授業で実践した反応例等を踏まえて行い，何を生徒の活動にできるかについて考えた。扱った問題の解決過程で中心的な役割を果たす変換に対応する「対象／視点」は，3⑸と⑹における視線 BH と立方体の対角線 DF が垂直かという平面図形の問題に置き換えることであると考えられる。

　考察の結果，視線の顕在化や平面図形の問題に帰着するという変換に対応する「対象／視点」の顕在化，視点を顕在化して対象のよみを共有していくこと等，生徒の活動を明確に位置付けて授業化について考えることができた。

　今後の課題は，本稿の考察を詳細に進め，教材研究，教材開発および授業を実践する等し，生徒が目的に応じて「対象／視点」の選択や変更をし，変容させていけるようになるための指導に関する知見を得ることである。

　松原元一（1990）は，「もともと学習はその内容の学習であると同時に，その内容を習得する方法をも学ぶことである。」（p.201）と述べ，数学的な考察の方法を体得させ，課題を数学的に解決する力を伸ばすには，解決すべき活きた課題に当面させて正しく考え抜かせるより他に方法はないと指摘している。

　この指摘は，「対象／視点」の選択や変更の必要性が生じるような考えさせる問題設定の工夫の重要性を示唆している。例えば，本稿で扱った問題も含めた探究的な課題で単元をデザインすることが今後の研究課題として考えられる。

　また，「対象／視点」の顕在化を意図した学習を，「数学の方法」の学習として位置付け，その指導について考察することも研究課題となりうる。

　太田伸也（2016）は，「数学の方法」（帰納的に考える，演繹的に説明する，図に表す，表やグラフに表す，数学的モデルをつくる，関数の

考え，置き換えて考えること（変換）など）の学習について，「「数学の方法」は，特定の数学の内容だけでなく多くの内容にかかわるものであるだけに，授業の目標としては，内容の方に重点が置かれ，数学の方法が明示されないことも多い。」と指摘し，「数学の方法は数学の内容と数学的活動において一体ではあるが，それを授業において意識的に顕在化させるのは教師の仕事であろう」と述べ，「数学の方法を授業の目標の1つとして明示することが，授業の過程で子どもたちどうしの議論により顕在化させる事柄が明確になる」と提案している。

　また，次の指摘は，「数学の方法」の学習に関する指摘として重要な示唆を含んでいる。清水美憲（2017）は，「数学における活動や思考に関わる過程や方法（プロセス）は，（「〜の指導を，数学的活動を通して行う」という形で）指導の方法に関わるものとして位置付けられてきた。あるいは，ある指導内容（例えば，多角形の外角についての性質）の指導に関する記載のなかで（「帰納的に調べ，論理的に説明する」というように），教科内容の学習に埋め込まれる形で示されてきた。」と述べ，「指導内容としての数学的活動をどのようにとらえ，学習指導に反映させるかについては，実践上の重要な検討課題となっている。」と指摘している。

　空間図形の学習指導において「対象／視点」に着目することで，模型づくりという指導の方法や空間の問題解決過程に埋め込まれている「考え方」を授業目標として明示的にしたり，授業で顕在化すべき生徒の活動を明確にしたりすることができる。上の指摘の示唆する問題点や課題の解決のための豊かな可能性をもつ有効な切り口として，今後も研究を深めていきたい。

〔注〕
　本稿では，「対象／視点」について考察する際，「観察する」という意

味合いが強いことから「観る」を用い，具体的な見え方については「見る」を用いている。

〔引用・参考文献〕

樺沢公一（2020）．空間図形の問題解決における「対象／視点」を意識した指導に関する考察―全体での議論における教師の関わりに着目して―．学芸大数学教育研究，32,25-36.

松原元一（1990）．数学的見方 考え方．国土社.

太田伸也（2009）．子どもに考えさせる授業．長崎栄三ほか編，新たな数学の授業を創る（pp.42-53）．明治図書.

太田伸也（2016）．教材研究を通して「数学の方法」について考える．第98回全国算数・数学教育研究（岐阜）大会講習会テキスト，49-52.

太田伸也（研究代表）（2019）．空間の想像力育成のための「対象／視点」に着目した図形教材の開発．科学研究費助成事業基盤研究（C）（JSPS科研費15K00911）.

清水美憲（2017）．数学教育カリキュラムにおけるプロセススタンダードの設定―生徒の活動を重視する学習指導のために―．藤井斉亮先生ご退職記念論文集編集委員会編，数学教育学の礎と創造―藤井斉亮先生ご退職記念論文集―（pp.349-358）．東洋館出版社.

外側・内側ナポレオン三角形の向きに関する考察

川村 栄之

1 はじめに

(1) 本稿の目的と方法

　本稿の目的は，吉川行雄（2013）において，「次稿にゆずる」（p.70）とした回転移動の合成によるナポレオン三角形の証明の見直しである。すなわち，ナポレオン三角形の証明を回転移動の合成の観点から見直すことにより，外側ナポレオン三角形と内側ナポレオン三角形の向きが反対向きになる理由について考察することを目的とする。

　『幾何学再入門』（H. コークスター，S. グレイツァー著，寺坂英孝訳，1970）（『GEOMETRY REVISITED』（H. S. M. Coxeter, S. L. Greitzer, 1967））の「3.3 ナポレオン三角形」では，外側ナポレオン三角形と内側ナポレオン三角形の有向面積の和は，もとにした三角形の面積になることが述べられている。ここでは，外側ナポレオン三角形と内側ナポレオン三角形の向きが反対になることが有効に働いている。

　しかし，外側ナポレオン三角形と内側ナポレオン三角形は本当にいつでも逆向きになるのかということは確かめる必要がある。そのために，ここで参照されている I. M. Yaglom（1962）による外側ナポレオン三角形が正三角形になることの証明を内側ナポレオン三角形の場合にも適用し，この2つの証明を比較することで外側・内側ナポレオン三角形が互いに逆向きになる理由を考察する。

(2) 本稿で用いる用語・記号

　本稿で考察の対象とする「外側ナポレオン三角形」とは，三角形の各辺を一辺とする正三角形を三角形の外側に立てたときに，それらの中心を結んでできる三角形のことである。それに対して，「内側ナポレオン三角形」とは，三角形の各辺を一辺とする正三角形を三角形の内側に立

てたときに，その中心を結んでできる三角形のことである。

　これらの外側・内側ナポレオン三角形が正三角形になることを Yag-lom（1962）では，回転移動を利用して証明している。そのため，回転移動を表す記号を定めておく。点 O 中心に角度 α だけ回転移動することを，

$$R(\mathrm{O}, \alpha)$$

と表し，これによって点 P を点 P′ に移動することを，

$$\mathrm{P} \xrightarrow{R(\mathrm{O}, \alpha)} \mathrm{P}'$$

と表記することにする。そして，変換の合成を「○」を用いて表す。すなわち，点 O_1 中心に角度 α 回転した後，点 O_2 中心に角度 β 回転することを，

$$R(\mathrm{O}_1, \alpha) \circ R(\mathrm{O}_2, \beta)$$

と表す。一般的に合成写像を表記するときには，例えば変数 x に対して関数 f の後に関数 g を作用させるとすると $g(f(x))=g \circ f(x)$ とするが，本稿ではこれとは逆の順序で表記する。また，恒等変換は I で表す。

2　回転移動の合成について

　一般に，$R(\mathrm{P}_1, \alpha)$ の後に $R(\mathrm{P}_2, \beta)$ を施すことを考える。2 つの回転移動を合成した結果がまた，ある点 P を中心とした角度 $\alpha + \beta$ の回転移動になるとすると，この回転の中心 P は次の①，②の 2 直線の交点として特定できる。

　　①直線 $\mathrm{P}_1\mathrm{P}_2$ を点 P_1 中心に $-\dfrac{\alpha}{2}$ 回転させた直線
　　②直線 $\mathrm{P}_1\mathrm{P}_2$ を点 P_2 中心に $\dfrac{\beta}{2}$ 回転させた直線

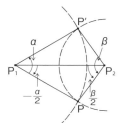

図1　回転移動の合成

　その理由を以下に述べる。点 P は 2 つの回転移動 $R(P_1, \alpha)$ と $R(P_2, \beta)$ を合成してできた回転移動 $R(P, \alpha + \beta)$（$=R(P_1, \alpha) \circ R(P_2, \beta)$）の中心である。したがって，点 P は最初の移動 $R(P_1, \alpha)$ で点 P′ に移ったとしても，次の移動 $R(P_2, \beta)$ で元の位置に戻ってきているはずである。したがって，点 P は図 1 の破線でかいた円周上を動くことになる。

　$\angle$ PP$_1$P′ $= \alpha$ ，$\angle$ P′ P$_2$P$= \beta$ であることと，円の対称性から，

　$\angle$ PP$_1$P$_2 = -\dfrac{\alpha}{2}$ ，$\angle$ P$_1$P$_2$P$= \dfrac{\beta}{2}$ であることがわかる。

　したがって，直線①と②の交点として 2 つの回転移動 $R(P_1, \alpha)$ と $R(P_2, \beta)$ を合成してできた回転移動 $R(P, \alpha + \beta)$（$=R(P_1, \alpha) \circ R(P_2, \beta)$）の中心を特定することができることが示された。

3　外側・内側ナポレオン三角形が正三角形になることの証明

　外側ナポレオン三角形が正三角形になることの証明は Yaglom（1962）による証明を，そのまま本稿の記号に置き換えて述べる。そして，その証明を参考にして内側ナポレオン三角形の証明を述べる。

⑴　外側ナポレオン三角形が正三角形になることの証明

　任意の△ ABC の各辺の外側に各辺を一辺とする正三角形△ ABD，△ BCE，△ CAF を作る。このとき，それらの正三角形の中心 O$_1$，O$_2$，O$_3$ が正三角形をなすことを証明する。

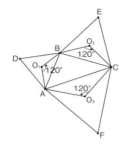

図2　外側ナポレオン三角形

点 A は，以下のように 3 つの回転移動によって，元の位置に戻る。

$$A \xrightarrow{R(O_1,120°)} B \xrightarrow{R(O_2,120°)} C \xrightarrow{R(O_3,120°)} A$$

3 つの 120° の回転移動の合成は一般には平行移動となる。しかし，点 A が不動点であるという事実から，この平行移動は距離 0 の平行移動，すなわち，恒等変換である。

$$R(O_1,120°) \circ R(O_2,120°) \circ R(O_3,120°)=I \cdots ①$$

一方適当に点 O をとれば，

$$R(O_1,120°) \circ R(O_2,120°)=R(O,240°) \cdots ②$$

このとき，先の 2 で述べた理由により右辺の点 O は図 3 のような点である。

このとき，△ O_1O_2O は正三角形である。

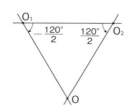

図3　合成された回転の中心 O の特定

①，②より，

$$R(\mathrm{O},240°)\circ R(\mathrm{O}_3,120°)=I$$

したがって，O と O_3 は一致していなければならない。以上より，
△ $\mathrm{O}_1\mathrm{O}_2\mathrm{O}_3$ は正三角形である。

(2)　内側ナポレオン三角形が正三角形になることの証明

任意の△ ABC の各辺の内側に各辺を一辺とする正三角形△ ABD，△ BCE，△ CAF を作る。このとき，それらの正三角形の中心 N_1，N_2，N_3 が正三角形をなすことを証明する。

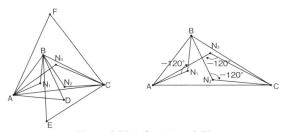

図4　内側ナポレオン三角形

点 A は，以下のように3つの回転移動によって，元の位置に戻る。

$$\begin{array}{ccccc} & R(\mathrm{N}_1,-120°) & & R(\mathrm{N}_2,-120°) & R(\mathrm{N}_3,-120°) \\ \mathrm{A} & \longrightarrow & \mathrm{B} & \longrightarrow \mathrm{C} & \longrightarrow \mathrm{A} \end{array}$$

3つの $-120°$ の回転移動の合成は一般には平行移動となる。しかし，点 A が不動点であるという事実から，この平行移動は距離0の平行移動，すなわち，恒等変換である。

$$R(\mathrm{N}_1,-120°)\circ R(\mathrm{N}_2,-120°)\circ R(\mathrm{N}_3,-120°)=I\cdots①$$

一方適当に点 N をとると，

$$R(\mathrm{N}_1,-120°)\circ R(\mathrm{N}_2,-120°)=R(\mathrm{N},-240°)\cdots②$$

このとき，右辺の点 N は図5のような点である。

このとき，△ $\mathrm{N}_1\mathrm{N}_2\mathrm{N}$ は正三角形である。

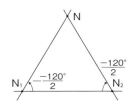

図5　合成された回転の中心 N の特定

①，②より，

$$R(\mathrm{N},-240°) \circ R(\mathrm{N_3},-120°)=I$$

したがって，N と $\mathrm{N_3}$ は一致していなければならない。以上より，
$\triangle \mathrm{N_1N_2N_3}$ は正三角形である。

4　外側・内側ナポレオン三角形が逆向きになる理由

　3の図3，図5から $\triangle \mathrm{O_1O_2O_3}$ と $\triangle \mathrm{N_1N_2N_3}$ の向きが互いに逆になる理由を考える。

　外側ナポレオン三角形の場合は，図1の α，β に +120° が入り図3となる。一方，内側ナポレオン三角形の場合には，α，β に -120° が入り図5となる（図6）。つまり，α，β に入る角度の符号が反対なのである。その影響により，$\mathrm{O_1O_2}$ と $\mathrm{N_1N_2}$ の向きをそろえたときに証明に出てきた2つの回転移動を合成してできる回転移動の中心 $\mathrm{O(O_3)}$，$\mathrm{N(N_3)}$ が反対側にできる。これによって，$\triangle \mathrm{O_1O_2O_3}$ と $\triangle \mathrm{N_1N_2N_3}$ の向きが互いに逆になるということがわかる。

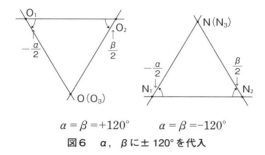

$$\alpha = \beta = +120° \qquad \alpha = \beta = -120°$$

図6　α，βに±120°を代入

上の議論では，α，βに入る角度の符号が +120°，−120° と反対になることが効いているが，その理由も考えておく必要がある。

外側ナポレオン三角形を作るときには，正三角形を辺の外側に立てた。一方，内側ナポレオン三角形を作るときには，正三角形を辺の内側に立てた。したがって，外側ナポレオン三角形のときと，内側ナポレオン三角形のときとで各辺上に立てた正三角形が各辺について線対称になっている。そのため，その正三角形の中心も各辺について線対称になっていなければならない。

例えば，O_1 と N_1 は辺 AB について線対称になっている（図7）。

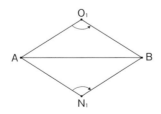

図7　O_1 と N_1 の位置関係

したがって，点 A を点 B に移す回転移動で，点 O_1 を中心にする場合と，点 N_1 を中心にする場合とで，回転の向きが反対になることがわか

る。つまり，回転する角度の符号が反対になるのである。これが，α，β に入る角度の符号が反対になる理由であると考える。

5　まとめ

(1)　本稿の考察によりわかったこと

本稿では外側・内側ナポレオン三角形の向きが互いに逆になることの理由を考えた。そのために，Yaglom（1962）による外側ナポレオン三角形が正三角形になることの証明を，内側ナポレオン三角形の場合にも適用し，2つの証明を比較した。

その結果，2つの回転移動 $R(\mathrm{P_1},\alpha)$ と $R(\mathrm{P_2},\beta)$ を合成してできた回転移動について，その回転の中心が現れる位置が回転する角度の符号によって決まることが影響していることがわかった。つまり，合成した回転の中心 P が α，$\beta>0$ の場合と α，$\beta<0$ の場合とで，直線 $\mathrm{P_1P_2}$ に関して反対側に現れ，その影響で $\triangle\,\mathrm{O_1O_2O_3}$ と $\triangle\,\mathrm{N_1N_2N_3}$ の向きが互いに逆になるということがわかった。

また，α，β の符号が外側ナポレオン三角形と内側ナポレオン三角形の場合で逆になるのは，外側ナポレオン三角形を作るために各辺上に立てた正三角形と，内側ナポレオン三角形を作るために各辺上に立てた正三角形が，各辺について線対称になっていることによることがわかった。

〔注〕

本稿は，『幾何学再入門』（H. コークスター，S. グレイツァー著，寺阪英孝訳（1970））をテキストに行われているセミナーで，外側ナポレオン三角形と内側ナポレオン三角形の向きがいつでも反対になるのかが問題となったことに端を発している。そして，そこで紹介されていた Yaglom（1962）の証明を参照し，議論した内容の一部，および筆者の

行ったレポートをまとめたものである。この時期の議論に参加したのは
次のメンバーである。

　吉川行雄（元山梨大学）

　半田　進（元弘前大学，東北福祉大学）

　高橋　均（元東京大学附属中等教育学校）

　太田伸也（東京学芸大学）

　細矢和博（東京大学附属中等教育学校）

　清水宏幸（山梨大学）

　佐藤亮太（東京学芸大学附属高等学校）

〔引用・参考文献〕

H. コークスター，S. グレイツァー著，寺阪英孝訳（1970）．幾何学再入門．河出書
　房．

H. S. M. Coxeter, S. L. Greitzer（1967）. *GEOMETRY REVISITD*. Washington,
　D.C.：The Mathematical Association of America.

I. M. Yaglom（1962）. *Geometric Transformations I*. Syracuse：New Mathematical-
　Library, vol.8, RandomHouse, New York and the L. W. Singer Co.

吉川行雄（2013）．回転移動の合成についての一考察．学芸大数学教育研究，25，
　69-74．

生徒が定義を意識的に構成する授業の一考察

柴田 翔

1　はじめに

　証明は，数学という学問の根幹をなすだけでなく，知識を構築する上で非常に重要な要素である。その証明の指導において，教科書では定義は，二等辺三角形の性質の証明の際に，用いたもののうち「①二等辺三角形とは，2つの辺が等しい三角形のことである」を「上の①のように，ことばの意味はっきりと述べたものを定義という」として，「定義」という言葉を説明している。このような定義に対して，その定義で十分であるのか，そもそもなぜ定義が必要であるのかなどについて，吟味される機会が少ないという指摘がある（清水，2008）。清水（2008）は「数学の用語（概念）を定義するという行為にとって本来必要不可欠のはずである。実際，数学において決定的な役割を果たしており，その使用者は，定義に要請される一定の属性を理解しておくべきである。それゆえ論証の学習者である生徒は，数学的推論の基礎としての定義の役割とその重要性の認識に基づいて，用語の意味を明確に述べる必要性を認め，よい定義のもつ性質を理解する必要がある。(pp.233-234)」と指摘している。ここで検討されている H.P. フォセットは定義について「明確に定義された用語の必要性と，結論に対するその効果」を理解することが，「証明の本性」の理解に必要なことの一つであると述べている（Fawcett,1938．P.118）。ここで着目すべきは，「幾何の理論」を作るために，すなわち，定義によって結論の真偽が変わるという認識による「必要性」を持っていることである。当たり前ではあるが，必要性がなければ生徒は定義に価値を見いださない。では，現在の論証指導において，どれだけの必要性を生徒に感じさせることができているのだろうか。本研究では，この「必要性」に焦点を当てた，定義活動を行う授業

を提案し，その分析・考察を行う。

2　定義に関する研究

　清水（2008）は数学的推論における定義の役割，H.P. フォセットの
「証明の本性」にみる定義の構成過程の特徴について分析した上で，教
授実験を計画・実施し，定義の構成過程の特徴とセッションの進行に伴
う生徒の思考にみられる変容から「メタ思考」の機能とその促進の観点
を考察している。

　その第 8 回セッションにおいて，たこ形とブーメラン形についての内
角の和・外角の和を求める課題を取り扱い，生徒からブーメラン形の外
角について内角が 180° を超える場合の外角をどのように考えたらよい
かを問いかける部分を考察している。インタビュー者による，外角の和
が「一周」になることの説明を聞いた上で，生徒のペアは凹四角形にお
ける内角が 180° を超える角の外角も凸四角形と同様に考え，「一辺を
延長して他の一辺との間にできる角」とし，その大きさについては「向
き」を考えて「負の角」という考え方を導入することになった（pp.245-
250）。このインタビューを通して，生徒の定義観は次のように変容し
ていることを報告している（p.256）。

〈事前調査〉

「図形などを見て，そこからわかること」（生徒 F）

「証明する時に利用する物（ヒント）」（生徒 I）

「一つのことが何であるということを示してあること」（生徒 U）

「もう何人もの人が同じ答えを出したので，それを決まり事にしてし
まうこと」（生徒 S）

〈セッション後半〉

「その言葉を聞いて，何のことについて話してるかわかるようにす
るってこと……だから，定義を決める時は，その要素を全部入れて，

一番わかりやすく短くかくようにする」(生徒F)

「図形を表すものに欠かせないものとして，その図形の特徴，性質を決める」

「あるものを作ったときに，やっぱり定義がないと，こういうものだからといえないから，人が定義というものを作った」(生徒I)

「定義って，自分達で決めていいっていうか，大体同じ事なんだけど，その場に使うことによって言葉を変えたり……」(生徒U)

「……で，なるべく短くてわかりやすいものがいい。あと，二回同じことを繰り返さない。条件を……」(生徒S)

そして，「生徒IとUの発言は，『定義』は『変えられないもの』ではなく，自分達の目的に応じて決めてよいものであることを述べたものである。また生徒FとSは必要最小限の条件としての定義の性質や，『わかりやすい』ものがよいことを，彼らなりの表現で指摘したのである。」と分析している（pp.256-257）。

また，太田（1995）は生徒に幾何の世界を構成させることを意図として，凹四角形の外角の和についてのディベートを行い，凹多角形の内角が180°を超える角の外角の定義として，「凸多角形の外角の定義を生かす。ただし，180°をこえる内角の外角は負の角とする」，「凹部分の外角の定義を，（360°―内角）とする」，「凹部分の外角の定義を，凸部分の定義を含め，『180°と内角との差』とする」「凹部分については外角を定義しない」と いう4通りの考えが出され，「内角が180°をこえる場合には負の角と考えれば，凹四角形の外角の和も360°になる」，「凹部分の外角の定義を（360°―内角）とすれば，凹多角形の外角の和は"360°+180°×凹部分の数"になる」といった性質，凹部分と凸部分との外角の定義の整合性や負の角の存在の適否，外角の和の定理の統合性などの問題が議論になったことを報告している。

3 授業の概要

　2で述べた凹四角形の外角に関する研究では，どちらも「凹四角形の外角の和も360°になる」，「凹多角形の外角の和は"360°+180°×凹部分の数"になる」といった性質を成立させるために，外角をどう定義するかということに生徒の焦点が当たっており「必要性」はこれまでと同じように性質を保存できないかという視点で定義活動を行っている。しかし，自身が授業をする際に同じ題材を扱ったときに，「敢えて同じと見ないで，分けておいた方がいいのでは」という生徒が一定数教室には存在していた。この生徒たちにとっては，凹多角形の外角を定義する必要性はないと言ってよいが，一方で，180°を超える内角をもつ角の外角を定義しないということは，凸多角形の場合にのみ外角を定義していることになるため，これもまた，「必要性」と捉え，多様な「必要性」が表出する授業を行い，その分析を行うことにした。

⑴ 授業データ

　本授業は第2学年2月20日，25日，26日の3回にわたって筆者の勤務する国立大学附属中学校にて，担任する学級において実施した。これまでに第2学年で学習するべき内容はすべて学習している。学級は男子19名，女子20名で数学の得意・不得意な生徒も自由に考えをつぶやける学級である。データとして教室後方より黒板を撮影した映像，抽出時（TJ，ON）の様子を撮影した映像，それらをもとに作成したプロトコル，生徒全員の作成したノートを収集した。各授業で生徒が考え，議論した課題は以下の通りである。

第1時：凹四角形はこれまでに考えてきた凸四角形の仲間としてよいか。

第2時：A+B+C-D＝360°を外角の和と言ってよいか。

第3時：外角をどう定義するか。あるいはしないか

⑵　**授業のねらい**

　体系を作るという態度に基づいて，定義 を考えてみると，「どう定義すべきか」「どの定義が体系を作りやすいか」というように考える，定義活動でさえも学習の内容となるべきである。つまり，二等辺三角形を例に取れば，「2辺が等しい三角形」という条件と同値である「2角が等しい三角形」や「線対称な三角形」が定義となってもよく，「2辺が等しい三角形」とすることがどのようなよさを生み出しているのかと考えることが学習となってよいはずであり，むしろ大切な活動となると考える。一方で，体系を作る上で不要であれば，その定義は行わない，あるいは，それを除くように定義し直すという活動も意味を持つ。むしろ，その考えに触れてこそ，定義の必要性を生徒が理解したと言ってよいと考え，「凹の場合も外角の和の性質を保存したい」という欲求から生まれる必要性と「凹の場合は無理して考えずに凸の場合でのみに外角の和の性質を成立させる」という欲求から生まれる必要性が議論の対象となることを意図した。

4　授業の分析

⑴　**第1時**

　第1時は，凹四角形はこれまでに考えてきた凸四角形の仲間としてよいか。また，どこに位置づけるべきかという課題に対して，凸四角形の性質を列挙し，それを一つずつ凹四角形で確認していくことを行った。そして，外角の和を考える際に凹部分の外角について，これまでと同じ作業（直線を延長し，辺とのなす角を外角とする）によって，一 応の外角を決め，その角度を測ることで外角の和を確認し，360°より大きくなりそうなことを確認した。生徒の中から，「引けばいい」という意見が出たことで，実際に測って計算することになった。その結果どうやらA+B+C−D＝360°となることを確認した。教師から「外角の和は360°

である」としたところ，−D の部分が和でないこと，D の角をマイナスと捉えればよいことなどが挙げられて授業が終わった。

(2)　**第 2 時**

　第 2 時では，前時の学習感想から TD のものを紹介し，A+B+C−D が 360°になることの確認から始めた（図 1）。

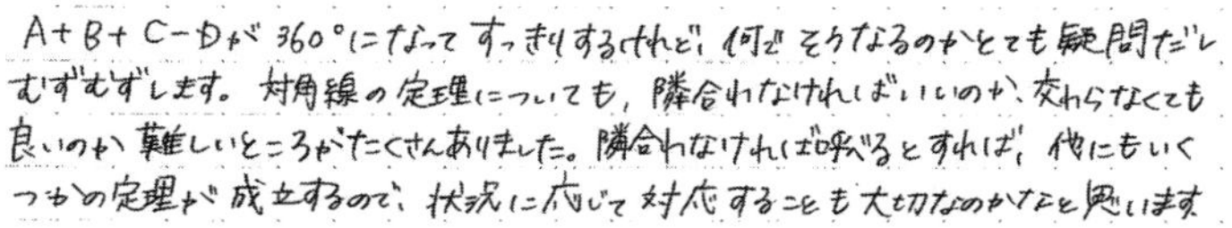

A+B+C−D が 360°になって すっきりするけれど 何で そうなるのかとても 疑問だし むずむずします。対角線の定理についても，隣合わなければ いいのか，交わらなくても 良いのか 難しいところが たくさんありました。隣合わなければ呼べる とすれば，他にもいく つもの定理が 成立するので，状況に応じて 対応することも 大切なのかなと思います

図 1　TD の第 1 時学習感想

　その後，A+B+C−D＝360°をもって，外角の和が 360°と言ってよいかを生徒に問いかけたところ，肯定的意見に 20 人程度，否定的意見に 7 人程度が手を挙げ，それ以外として，見方によるという中立的な意見だった。否定派の意見として，「引いているところがある」，「和じゃない」ことが挙げられ，肯定派の意見として，「A+B+C+（−D）と捉える」，「180°−外角と捉えればマイナスになってもよい」ということが出された。その後，以下の議論によって，負の角についての説明が共有された。

95S：えっとですね，外角，特に 1 つの外角，外角の 和なんで，1 つの外角を 180 度引くあの，内角，と定義した場合。

96T：おお。

97S：これ D の角度を測ってマイナスいくつだって言ってるわけじゃなくて，えっと，180 度の中に，あの内角，この内角の部分にあのー，スモール D を代入したときに，あの出てくるのがマイナス D っていう値なので，えっとー，マイナス D っていうのは理論上外角の理論上存在する数があって，あの実測値というものではないんじゃな

いか，っていう，SY くんの意見です。

98T：全然わかんなかったんだけど。

99S：ふふふふ。

100T：え，え，ごめん，え，まってまってまって。みんなわかってんの？　これ。あ，わかってんの，嘘，ごめん。ごめん，わかんなかった，わかんなかった人はい。とちゅ，途中まではわかった。ここまではわかったんだけどこのあと，ここまではいいっすか？　こう決めたと。でそのあと俺よくわかんなかったんだけどみんなここまで来てんの？実測値がなんちゃらとか，理論的なとかなんとか言われたんですけど，一回ちょちょっと，一回座って一回座って。これ今 TJ のでわかった人わかった人はい。あ，いるのねいるのね。よかった。

101S：SY とか自分の意見なのにわかんなかった。

102T：はい，でわかんなかった人はい。あ，いるよねいるよ

ね。よかったよかったよかった。え，待ってみんなわかんなかったの一緒？　先生と一緒ですか？　一緒？　え，ここまではわかった？　え，こ，こうすると，これは確認ですけど。

103S：実測値を。

104T：ん？

105S：実測値ではないとかが。

106T：うん，その辺 から分かんない。

107S：間がわかんなかった。

108T：間がわかんない。途中から聞こえなかった，早すぎた，そもそも聞いてなかった，おい。

109S：はははは。

110T：それは問題だよ。いいっすね。1 つの外角を 180 引く内角と定義すると。これだから，あのこの辺ですかね，こういうふうに定義すると。

111S：先生 ST さんが熱弁してます。

112T：じゃあ ST さん ST さん，はい。

113S：えー，えーだから，その 1

つの外角を180引く内角って定義して，その外角のところにスモールDを，その代入するじゃないですか。そうすると。

114T：え？　内角のところにスモールDを。

115S：スモールDを代入するじゃないですか。そうすると，スモールDって，180度よりおっきいじゃないですか。

116T：代入すると，えーDは180よりおっきい。

117S：そういうことね，わかっ

た。

118S：だから，Dは180からDを引いた，引いたら，まあ自然と，答えは，マイナスになるんですけど，それは，別に実際に測った値じゃなくて，その定義上そこに当てはめて考えたらそうなったってだけなので。

119T：ここは？　定義上？

120S：なんか実際に測った値ではないけど，なくて，だから別にマイナスでもいい。

　この説明の後に，「それを公式に，そのままバッて書いちゃうと，何か変な感じがする（138）」と（-D）に対する疑問が投げかけられ，この説明で用いられた外角の定義によればA+B+C+D＝360°と表され，Dの値がマイナスになっていることが教師によって説明された。その後，何人の生徒からかつぶやきとして，角度がマイナスであることに違和感を持っていたが，「あのここまでくると，どっちかを，こうなんかそう決めた方がいいんじゃないかな，みたいな（178）」「定義はちゃんと定義する，定義する前提で，まあ話をするのかなんか，なんかでも，そのなんかサークルしちゃう。まわっちゃうから」と定義について，しっかりと行うべきだという指摘が出た。

　その一方で，負の角についての疑問が200以降に投げかけられ，「定義してよいのか」という議論が起こった（200～221）。授業の時間が限られていたため，教師からマイナスという値の意味について話し，授業

を終えた。第2時の学習感想として特徴的なものを以下に挙げる（図2)。

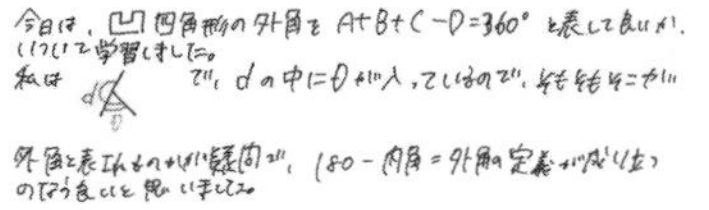
今日は、凹四角形の外角をA+B+C−D=360°と表して良いか、
について学習しました。
私は　で、dの中にDが入っているので、そもそもそこが
外角と表せるのかが疑問だ。180−内角=外角の定義が成り立つ
のなら良いと思いました。

WN の感想

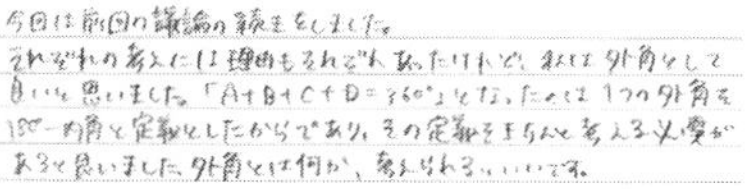
今回は前回の議論の続きをしました。
それぞれの考えには理由もそれぞれあったけれど、私は外角として
良いと思いました。「A+B+C+D=360°」となったのは1つの外角を
180−内角と定義したからであり、その定義をきちんと考える必要が
あると思いました。外角とは何か、考えられるといいです。

YD の感想

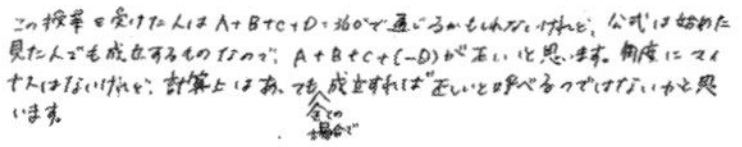
この授業を受けた人はA+B+C+D=360°で通じるかもしれないけれど、公式は初めて
見た人でも成立するものなので、A+B+C+(−D)が正しいと思います。角度にマイ
ナスはないけれど、計算上はあっても（全ての場合で）成立すれば正しいと呼べるのではないかと思
います。

TD の感想

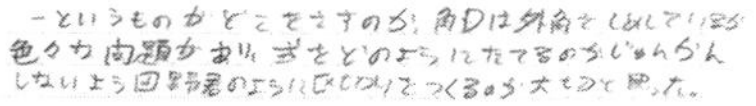
−というものがどこをさすのか、角Dは外角を［illegible］
色々な問題があり、式をどのようにたてるのか［illegible］
しないよう［illegible］のように［illegible］をつくるのが大切と思った。

TJ の感想

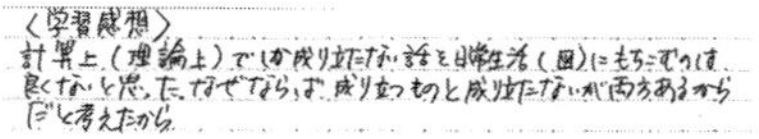
〈学習感想〉
計算上（理論上）でしか成り立たない話を日常生活（図）にもちこむのは
良くないと思った。なぜならば、成り立つものと成り立たないが両方あるから
だと考えたから。

ST の感想

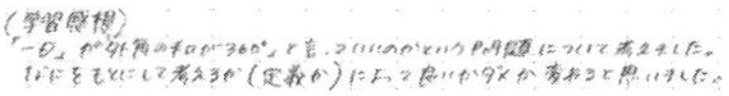
（学習感想）
「−D」が外角の和が360°と言っていいのかという問題について考えました。
なにをもとにして考えるか（定義か）によって良いかダメか変わると思いました。

TZ の感想

図2　第2時の学習感想

WN，ST に共通するのは，説明としては理解しているが，そもそも外角をそのようにしてよいのかという部分である。これは，定義に対しての疑問でもある。TD も，この授業を受けた人（同じ前提を持っている人）は通じるがとし，公式（性質）に対する疑問を呈している。これらは否定的な部分を持った意見である。対して，YD は定義によって，考えているのだからよいと肯定的な意見であり，定義によって結果が変わることを理解した記述をしている。また，授業中の 200 以降の議論を通して，「なにをもとにして考えるか（定義か）によって良いかダメか変わると思いました（TZ)」や TJ のように，定義を共有する必要性があることが指摘された。

(3) 第3時

　TZ の指摘をもとに，授業を開始し，前時に出た外角の定義についての議論を行った。凹多角形における定義を普遍のものとして捉えるものや，辞書の記述から「多角形の辺と，それに隣り合う辺の延長とがはさむ角」というもの，凹部分の内角の 360° に対する補角をさして外角と言うといった意見が出た。また，補足するものとして外角が中にある点がおかしいという意見や，辞書（新明解）の記述から，「外角は平角より小さい場合のみ考える」という意見も挙がった。最終的に，教師から D を外角と言った・言わなかった場合の良い点は何かを問いかけた。すると外角と言ったときには「外角の和が全部（凹の場合も含めて）360°」になること，言わないときには，「図と矛盾しない」，「わかりやすい」といった意見が挙がった。さらに，簡潔・明瞭・統合という観点から，簡潔なのは凹部分の D を外角と言う場合か言わない場合か，統合的なのは D を外角という場合か言わない場合かを問いかけ，生徒は簡潔なのは外角と言わない場合，統合的なのは外角という場合と結論づけた。

> Dを外角と言っていいかという問いに対しては、ダメ派よりでしたが、どちらがより良いかという価値観の問いだと、外角と言った時の方が良いなと思いました。数学は今回のように"価値観"で決まるものが多いので、とても奥が深いなと思いました。

UR の感想

> 外角と言った方がいいなと思ったが、とことん考えた末、時と場合によれば、便利だが、1つのものが少しひっかかった。他の図形にも応用できるので、見た目との矛盾があって慣れない。どっちでも良いになって、どんな場合にも対応できるので、1つのことに対して2つの解釈があった。

ST の感想

図3　第三時の学習感想

　学習感想は，定義を自ら行えることに対する共感（UR）の意見や，自分の意見を持ち続ける意見，定義が普遍性を持たないという点についての疑問（ST）に大別される。

5　考察

　「凹の場合も外角の和の性質を保存したい」という欲求から生まれる必要性と「凹の場合は無理して考えずに凸の場合でのみに外角の和の性質を成立させる」という欲求から生まれる必要性が議論の対象となり，授業の意図は達成されたと考える一方で，それによって正しい定義観が育まれたかに疑問が残る。それは，先に挙げた TN や ID のように，それでもこちらの方が正しいというようにどちらかに固定させようという意見があること，また，ST のように１つのことに対して２つの解釈ができることに疑問を持っていることからも言える。これらの意見は定義が「議論の前提として約束されたもの」であるということを今回の授業によって，揺らがせてしまったとも考えられる。一方で，それぞれの定義を主張するときに理由あるいは自分にとっての価値を見いだし，必要性を持って定義を行っている姿も見られた点では価値のある授業であった。例えば，MY は「どちらでもよいという結果には驚いた。たしかに外角の和が 360° にどんな時もなるという利点はわかった」というように，そう定義することのよさに言及している。定義の必要性について，TN や ID のようにどちらかに固定させようという意見もまた，定義の必要性を感じたと捉えられ，本研究の目的は達せられたといえる。

〔引用・参考文献〕
Fawcett, H. P（1938）. *The Nature of Proof*（*NCTM 13th yearbook*）
　New York：Columbia University Teachers College Bureau of Publisher.
清水美憲（2008）. 論証の学習過程における「メタ思考」の機能─数学的説明における「他者の想定」─. 算数・数学教育における思考指導の方法. 東洋館出版社.
太田伸也（1995）. 生徒に幾何の世界を構成させる図形指導─ディベート「凹四角形の外角の和は 360° である」を取り入れて─, 日本数学教育学会誌, 77（5）, 11-19.

ピタゴラスの定理を見いだす活動を重視する学習指導

清水 宏幸

1　本稿の目的

　現在のピタゴラスの定理の学習は，定理そのものを見いだしていくことより，この定理を様々な場面で応用していくことに重点が置かれている。確かにピタゴラスの定理を応用していくことで，この定理の奥の深さや面白さを感得できると考えられるが，定理を見いだしそれを証明していくことにも多くの数学的な考えが埋め込まれており，それを生徒とともに楽しむことができると考える。ピタゴラスの定理について，太田(2012)は，「ピタゴラスの定理は，中学校で扱う図形の性質の中で，子どもにとって数少ない不思議な性質である。従って，この定理の証明は子どもにとって解決したい問題になり得る。証明を考え，この定理を成り立たせている仕組みを探ることによって，ピタゴラスの定理の美しさや調和に触れることが期待できる。」と述べている。そして，太田は，分割合同の考えによる証明を検討し，証明において直角三角形の3辺という条件が果たす役割の解釈について考察している。

　この考えをもとに，本稿の目的は，ピタゴラスの定理の導入の場面で，この定理を見いだす活動を重視した授業を構想して実践し，その授業の有効性を探ることとする。その際，2時間の授業のねらいとして，以下の2点を設定する。

(1)　正方形の1辺の長さを探る活動を通して学習した平方根の考えを生かせるような問題を設定すること

(2)　代数的に証明をした後，裁ち合わせにより幾何的に示すといった異なるアプローチで証明する活動を行う問題を設定すること

2　平方根の考えを生かしたピタゴラスの定理の証明

実践授業では，まず，次の問題1を提示する。

問題1　直角Cをはさむ2辺BCとACが
それぞれ8cm，6cmの直角三角形AB
Cがあります。このとき，斜辺ABは何
cmになるだろうか。長さを測らない
で，求めるにはどうしたらよいだろうか。

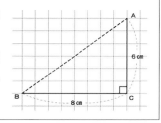

　この問題では，斜辺 AB の長さを求め
るために，図1のように生徒自ら斜辺
AB を1辺とする正方形をたて，その面
積から1辺の長さを求めるという方法を
利用できるようにしたい。ここで生徒に
想起してほしいのが平方根の学習の際に
行った正方形の面積からその1辺の長さ
を求める活動である。

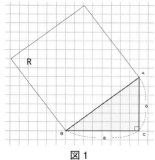

図1

　平方根の導入の場面で，方眼を使って正方形をか
き，その面積から正方形の1辺の長さを求めるとい
う活動を行っている。このとき，生徒が方眼を使っ
てかいた面積5の正方形（図2）を取り上げ，この
図形を正方形といってよいかを確認した上で，この

正方形の面積が5であることをどのように説明するかを考える場面を設
定している。ここでは，次の2通りの方法（図3，図4）が生徒から出
され，それらについて吟味している。どちらの図からも直角をはさむ2
辺の長さが1と2の直角三角形が4つ見いだされ，これらが合同であ

ることから，かいた四角形の4
つの角がすべて90°であること
がわかり，辺の長さもすべて等
しいことからこれが正方形であ
ることが確認できる。そして，

図3　　　　　図4

この正方形の面積が，図3では，$1 \times 2 \times \frac{1}{2} \times 4 + (2-1)^2 = 4+1 = 5$，図4
では，$(2+1)^2 - 1 \times 2 \times \frac{1}{2} \times 4 = 9-4 = 5$となることを確認する。このこと
から，この正方形の1辺の長さは$\sqrt{5}$である。

　上の考えを想起できるようにし，問題1では，次のように求めるこ
とを意図している。

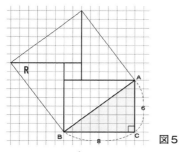

図5

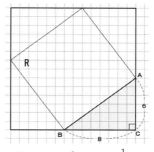

図6

①　$8 \times 6 \times \frac{1}{2} \times 4 + (8-6)^2$
　　$= 96+4 = 100 = 10^2$

②　$(8+6)^2 - 8 \times 6 \times \frac{1}{2} \times 4$
　　$= 196-96 = 100 = 10^2$

　この2通りの方法で，直角三角形ABCの斜辺ABの斜辺にたてた面
積が100cm^{2}であることがわかり，その1辺は10cmであると求められ
る。ここで，直角をはさむ2辺の長さである8cmと6cmが，どのよう
に斜辺の長さに関係しているかを探るために，8と6を計算しないで式
に表してみる。

①　$8 \times 6 \times \frac{1}{2} \times 4 + (8-6)^2$
　　$= 2 \times 8 \times 6 + 8^2 - 2 \times 8 \times 6 + 6^2$
　　$= 8^2 + 6^2$

②　$(8+6)^2 - 8 \times 6 \times \frac{1}{2} \times 4$
　　$= 8^2 + 2 \times 8 \times 6 + 6^2 - 2 \times 8 \times 6$
　　$= 8^2 + 6^2$

このように式に表してみることで，$8^2+6^2=10^2$ が導ける。つまり，直角をはさむ2辺の長さの平方の和が，斜辺の長さの平方と等しくなるという関係である。そして，今，直角をはさむ2辺を8cmと6cmで考えたが，この2辺を一般化して a と b として式で表してみる。上の①②は以下のようになる。

①' $a\times b\times\dfrac{1}{2}\times4+(a-b)^2$

$=2ab+a^2-2ab+b^2$

$=a^2+b^2$

②' $(a+b)^2-a\times b\times\dfrac{1}{2}\times4$

$=a^2+2ab+b^2-2ab$

$=a^2+b^2$

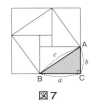

図7

直角三角形の直角をはさむ2辺を a，b，斜辺を c とするとき，$a^2+b^2=c^2$ が成り立つというピタゴラスの定理を導くことができる。

8と6を擬変数として用いる場面として設定することが考えられる。

3 裁ち合わせによるピタゴラスの定理の証明

2より直角三角形の各辺の長さの間に，a^2+b^2 $=c^2\cdots$①という関係が成り立つことがわかった。各辺の長さを平方しているということは，図8のような直角三角形の各辺に正方形をたてて，その正方形の面積をそれぞれP，Q，Rとすると，この式①はP+Q＝Rと同じ意味であることを確認する。その上で，次の問題2が生起される。

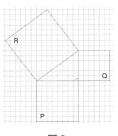

図8

問題2　図8で，P＋Q＝Rを確かめてみましょう。P＞Qのとき，Qは正方形のままで，Pに切り分ける直線を入れて分割し，Rにぴったりおさめるようにしたい。ぴったりおさめるには，Pをどのような直線で切ればよいでしょうか。考えてみましょう。

教科書では裁ち合わせをするときの切り込みの直線はあらかじめ示されている。しかし，本稿で提示する問題2では，裁ち合わせをするためにPやQを切る直線を自分で考えるというものである。このとき，この直線を一から考えるというのは困難が伴うので，小さい方の正方形Qをそのまま残し，大きい方の正方形Pにだけ直線で切れ込みを入れる方法を考えることとする。さらに，小さい方の正方形Qを図9のように正方形Rの中のマス目にそろえておくようにすることも確認する。

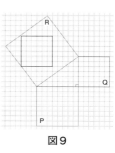

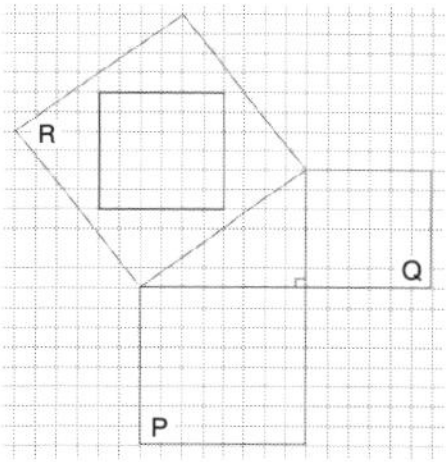

図9

また，うまく考えられない生徒に対しては，「Qを図10のようにRの真ん中に置くとき，Pはどのように切り分けられるだろうか」と問い，切

図10

り込みを入れる直線は2本であることも提示した上で，その切り方を考えさせたい。生徒からは，次のような反応を期待する。

◇QをRの中へマス目と平行に置いた場合のQの位置とPの切り方との関係

(1) Qの正方形の右側の2つの頂点をRの辺上にのせる

(2) Qの正方形の上側の2つの頂点をRの辺上にのせる

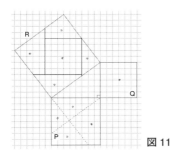

図11

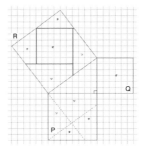

図12

(3) Qの正方形の左側の2つの頂点を
　　Rの辺上にのせる

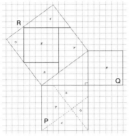

図13

(4) Qの正方形の下側の2つの頂点を
　　Rの辺上にのせる

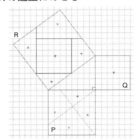

図14

(5) 図10のようにQをバランスよくRの中央に置くと，図15の実線
　　のような切り方になる。（1）～（4）までの切り込み線と一緒に表す。

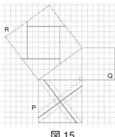

図15

　上の4通りの切り方をまとめ，Pの切り方は図15のPの中に示して
いる4本の点線の組み合わせである。（5）で
は，その中央に切り込みの直線がくる。

　以上のように，2で代数的にピタゴラスの定
理を証明した後，今度は，その式を幾何的に捉
え，図形の面積に置き換えて裁ち合わせによっ
てピタゴラスの定理を示すことで，不思議で美
しいこの定理の意味を印象づけ，今後の学習に
活用できるようにすることをねらう。

4　授業の実際

⑴　**題材　三平方の定理の導入　2時間構成（問題1と問題2で1時間**
　　ずつ）

⑵　**本時の目標（2時間）**

・直角三角形の斜辺の長さを測らないで求めるために，斜辺を1辺とす
　る正方形の面積で考えることができる。

・斜辺を1辺とする正方形の面積と直角をはさむ2辺との関係を文字

で表すことから三平方の定理を導くことができる。

・三平方の定理を確かめるために，裁ち合わせの仕方を自ら考え，実際に図形を作業により示すことができる。

(3)　**本授業を実践するに当たって**

〈1時間目〉

①式で表すとき，直角をはさむ2辺の長さ6（cm）と8（cm）が斜辺の長さにどのように関係しているかを見るために，6と8を残して表すことを強調する。単に6と8を計算しないで残して表すのではなく，直角三角形の斜辺の長さが，直角をはさむ2辺の長さとどのように関係しているのだろうかという問いを投げかける。それを6と8を計算しないで表すという動機付けとする。

②問題1は，斜辺の長さを，直角をはさむ2辺の長さ6と8から求めようという問題であるので，数値での解決を行った後，どんな直角三角形でもこの関係は成り立つかといった問いを投げかけ一般化する（文字で表す）過程を丁寧に経るようにする。

〈2時間目〉

①2時間目は，1時間目で導いた式を面積の関係に置き換え，図形を使って裁ち合わせによりピタゴラスの定理を示そうという立場を明確にする。

②条件設定「できるだけ少ないピースに切って」「一番小さい正方形は切らないで埋め合わせる」「切り込みを入れる直線は2本」を生徒と確認しながら作業に入る。また，今回の問題では，最初から，QをRの中にQの辺を方眼のます目に沿って置くという条件設定をする。

(4)　**実践日時**　平成21年1月21日（火），27日（火）

(5)　**実践場所**　山梨県内国立大学附属中学校第3学年

(6)　**生徒の反応**

〈1時間目〉　問題1における授業の様子

①問題1に取り組んだ生徒のノート

　黒板で紹介した2つの方法

Gさん

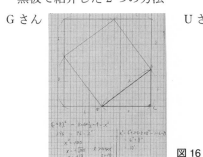

Uさん

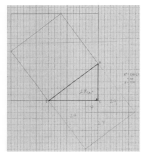

図16

図17

　　この2つの方法以外に相似な図形や等積変形を用いて考えた生徒など
がいた。

Sさん

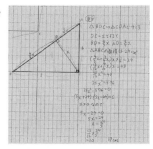

Kさん

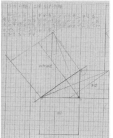

図18

図19

②授業後の板書

③1時間目終了時の生徒の学習感想

　Uさん　自分の力では，1つしか見つけられなかった。でも発表者の意

見を聞いてしっかり納得できたし，文字に置き換えて公式化するの
は，自分でもできたのでよかった。この定理は知っていたけれど，ど
んな根拠で成り立っているのか知れたので，とても充実した授業だっ
た。図形に対しては，さらに強い関心を持つようになった。

M さん　今回は，すごい定理を学習した。直角三角形の2辺がわかれ
ば，もう一辺もわかる定理だった。これは一度相似のときにやった。
ピタゴラスの定理，三平方の定理という。やはり勉強は積み重ねであ
る。そうつくづく感じた授業だった。

H さん　外側に合同な図形をつくって求めるやり方は考えたけど，内
側に折り込むやり方は全く考えていなかった。S 君の相似を利用して
やるやり方も面白いと思った。「a と b が決まれば，c は必然的に決ま
る」という数学の考え方のもと（根拠）を探ることができてとても楽
しかった。

〈2時間目〉　問題2における授業の様子

①問題2に取り組んだ生徒のノート

K さん　2通り考えた　　　　　　　H さん　P の切り込みの直線も考えた

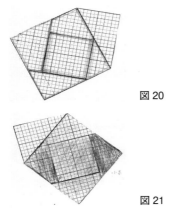

図20

図21

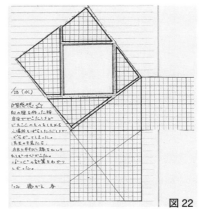

図22

②2時間目終了時の生徒の学習感想

Nさん　今回は直角三角形の斜辺の長さを目でわかるように面積で表しました。しかし，等積変形ではなく，平行移動でしました。次は大きい方をはめて試してみたいです。

Kさん　必ず1つ共通の辺を見つければ，特定の図形に当てはめられることがわかった。定理をただ覚えるだけでなく，こうやって図形に表してみると構造が理解しやすかった。数学は応用次第で一見違うものでも一つにつながることがわかった。3年間で学んだ円周角の定理，中点連結定理，三平方の定理を高校の勉強でも活用できるようにしたいと思う。

③授業の様子

 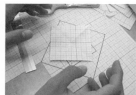 

問題の提示　　　　　　　　　　　　生徒の作業の様子

5　実践の考察

本稿の目的は，ピタゴラスの定理の導入の場面で，この定理を見いだす活動を重視した授業を構想して実践し，その授業の有効性を探ることであった。この定理を見いだす活動について，前述の1（1）（2）の2つのねらいをもって授業実践を行った。この2点について，以下で考察する。

黒板で実際に裁ち合わせを行うKさん

(1) について

　授業での生徒の様子や学習感想から多くの生徒が直角三角形の斜辺に正方形をたてて，その面積から１辺の長さを探る活動を行っている様子から，平方根の考えを用いてピタゴラスの定理を見いだすことができたことが明らかとなった。本稿で想定していた２通りの証明の他，相似を用いる証明や等積変形を用いる証明が生徒から発表された。いずれも既習事項を活用して解決しようとしている様子が見られ，これらを紹介することを通してこれまでの学習の振り返りができた。

(2) について

　ピタゴラスの定理を代数的に証明することだけでなく，それをもとに幾何的に図形の面積として確かめてみるという数学的な姿勢を明確にして指導することを意識した。これは，問題の対象を多面的に考察するという生徒の姿勢を育成するために有効であった。生徒の学習感想から，代数的に証明する方法だけでなく，図形的に裁ち合わせの切り込みの直線を考える作業を行うことにより，ピタゴラスの定理の理解を深めることができたことが確認できた。

6　今後の課題

　ピタゴラスの定理の学習は，従来は相似などの図形をすべて学んだ後で行うが，平方根と二次方程式の学習の後に配置するというカリキュラム開発の可能性があると考える。ピタゴラスの定理は，前述したように様々な問題解決の場面で活用することができる。よって，早い時期に学ぶことによってピタゴラスの定理を活用する場面を数多く経験でき，この定理の素晴らしさを実感できると考える。今後この単元構成についても教材開発とともに研究を続けたい。

〔引用・参考文献〕

森下四郎（2006）．ピタゴラスの定理 100 の証明法―幾何の散歩道―．プレアデス出版．

太田伸也（2012）．ピタゴラスの定理の証明の扱いについて―分割合同の視点から―．杉山吉茂先生喜寿記念論文集編集委員会編著，続・新しい算数数学教育の実践を目指して―杉山吉茂先生喜寿記念論文集（pp.241-250）．東洋館出版社．

杉山吉茂（1986）．公理的方法に基づく論証指導．公理的方法に基づく算数数学の学習指導．東洋館出版社．

擬変数の活用を重視した学習指導の構想
—「星形多角形の問題」を例として—

田中 義久

1　はじめに

　平成 29 年改訂の学習指導要領では，「生徒が目的意識をもって遂行すること」（文部科学省，2018，p.23）の重要性が記述され「算数・数学の学習過程のイメージ」として問題発見・解決の過程が明示されている。一方，これまでの数学教育においても数学的活動が重視され，次の模式図のように数学的活動の過程が表現されている（図 1）。これらを念頭におくことで，日々の学習指導がどの過程を中心とした展開なのかを客観的に捉えられる。

　生徒が目的意識をもって活動できるためには，探究が可能な教材が必要となる。教材は，教育内容と学習者との間を媒介するものであり，学習者の能動的な活動を呼び起こすものである（南新秀一ほか，2003）。学習者の能動的な活動を呼び起こすためには，事前の教師の創造的な教材研究が欠かせない。実際，太田（2008）には，「時として，「教材研究」という言葉が，すでに教材として決まっているものを研究したり確認したりすることのように受け取られることがあるが（中略），教材研究は授業者や研究者にとっての創造的な活動でなければならない。この意味で，教材研究は本質的には教材開発と同じものである。」（太田，2008，p.86，中略は引用者）とあり，創造的な活動としての教材研究に教師が携わることの重要性が

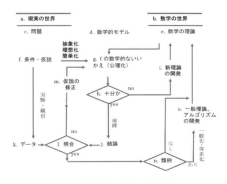

図 1　数学的活動の模式図
（島田茂，1977，p.15）

示されている。さらに，「教材開発や教材研究は，素材を数学的に深めたり広がりを考えたりする側面と，どの部分を生徒の活動にするかを見極めるという側面を持つ。」（太田伸也，2008，pp.85-86）ことが示されている。

　こうした教材研究に関する考え方に基づいて，本稿では，星形五角形の内角和を求める問題から出発し，星形多角形の内角和を求める問題（本稿では「星形多角形の問題」と呼ぶ。）への一般化の過程，すなわち，図1における「n. 類例」を検討し「o. 一般理論，アルゴリズムの開発」への過程を取り上げる。そして，この過程において，ある解法に現れる条件の異なる星形多角形にも焦点を当てる。なお，この問題に関し，前田（2001）には，「ループ」という捉え方を導入した統合的な教材研究がなされている。また，吉川（2002）には星形五角形の内角和に関する複数の解法が検討されている。

　一般化の過程では，関数関係を「式に表す」ことの困難性が指摘されている（若松，1994；藤井，2000；石田，2002；武井・藤井，2003）。このため，困難性の克服に関する教授実験（原田・石田，2002）や，初等教育段階からの代数的思考の育成が志向され「数字の式」から「文字の式」に至る過程に擬変数を位置づける構想がなされている（藤井，1999，2006）。擬変数は，表現としては具体的な数字だが，一般性を含意しているのである（藤井，2017）。さらに，子どもの擬変数の活用に関する実態が明らかにされている（藤井ほか，2018）。擬変数をうまく活用できていない子どもの実態を考慮すると初等教育段階からの代数的思考の育成に続けて，中等教育段階，特に中学校においても擬変数を活用した学習指導が必要である。本稿では，「星形多角形の問題」を例として擬変数の活用を重視した学習指導を構想する。このために，多様な解法を示し一般化の過程を吟味する。

2　多様な解法の吟味と星形 n 角形への一般化

⑴　星形五角形の内角和の求め方に関する多様な解法の吟味

　星形五角形の内角和の求め方として，本稿では次の 9 つを挙げる（表1）。

表 1　解法例

①　外角の性質を用いて角を 1 つの三角形（△AFJ）に集める（図2）
②　補助線を引くことにより三角形の内角和に帰着する（図3）
③　平行線の性質を用いて角を集める（図4）
④　凹型四角形（やじり型）を用いて三角形の内角和に帰着する（図5）
⑤　外角の性質を用いて，内部の五角形の内角和から外角和をひく（図6）
⑥　先端の 5 つの三角形の内角和から外角和 2 つ分をひく（図7）
⑦　五角形の内部に星形五角形があるとみて考える（図8）
⑧　5 つの四角形の内角和から重複した五角形の内角和をひく（図9）
⑨　5 つの三角形の内角和から五角形の内角和をひく（図10）

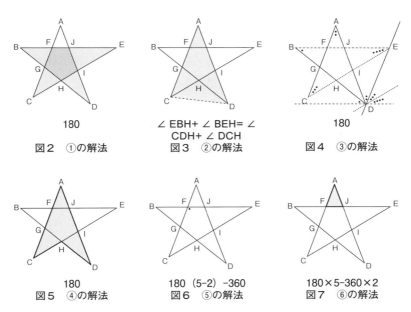

180
図2　①の解法

∠EBH+∠BEH=∠CDH+∠DCH
図3　②の解法

180
図4　③の解法

180
図5　④の解法

180（5-2）-360
図6　⑤の解法

180×5-360×2
図7　⑥の解法

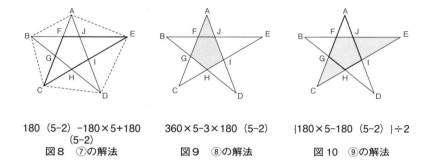

180（5-2）-180×5+180　　360×5-3×180（5-2）　　{180×5-180（5-2）}÷2
　　　　（5-2）
　　図8　⑦の解法　　　　　図9　⑧の解法　　　　　図10　⑨の解法

　解法が多様であるため，提示された式だけをよんでその式の意味を図
示したり，逆に，図のみから式を求めたりすることで他者の考えを捉え
思考を促す比較検討の場が生まれる。なお，解法①から⑤までが角を移
動させる解法，解法⑥から⑨までが角を移動させない解法である。

⑵　星形 n 角形への一般化

　上記①から⑨の解法に基づくと，星形 n 角形の内角和を表す式は，
次の①'から⑨'の解法となる（表2）。なお，星形七角形の場合のみを
示すが，原則的には，星形六角形なども検討し帰納的な考察を大切にし
たい。

表2　解法例

①' 外角の性質を用いて角を三角形に集める（図12）
②' 補助線を引くことにより三角形と四角形の内角和に帰着する（図13）
③' 平行線の性質を用いて角を集める（図14）
④'⑴ 凹型四角形を用いて五角形の内角和に帰着する（図15）
④'⑵ 凹型四角形を用いて三角形と四角形の内角和に帰着する（図16）
⑤' 外角の性質を用いて内部の七角形の内角和から外角和をひく（図17）
⑥' 先端の7つの三角形の内角和から外角和2つ分をひく（図18）
⑦' 七角形の内部に星形七角形があるとみて考える方法（図19）
⑧' 7つの6角形の内角和から重複した五角形の内角和をひく（図20）
⑨'⑴ 7つの四角形の内角和から七角形の内角和と重複を考える（図21）

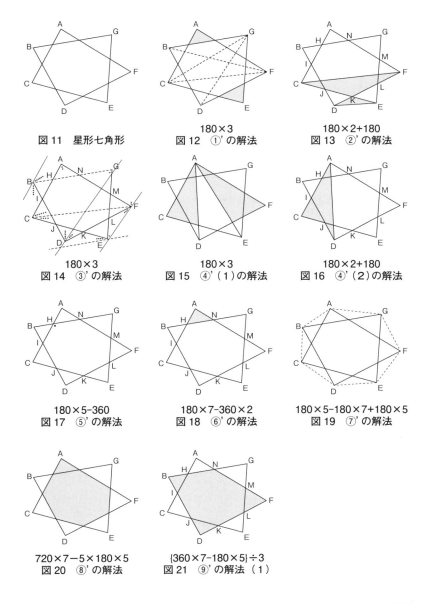

図 11　星形七角形

180×3
図 12　①'の解法

180×2+180
図 13　②'の解法

180×3
図 14　③'の解法

180×3
図 15　④'（1）の解法

180×2+180
図 16　④'（2）の解法

180×5-360
図 17　⑤'の解法

180×7-360×2
図 18　⑥'の解法

180×5-180×7+180×5
図 19　⑦'の解法

720×7-5×180×5
図 20　⑧'の解法

{360×7-180×5}÷3
図 21　⑨'の解法（1）

解法①'は内部に星形五角形が現れる面白さがある。その一方で，補助線を引く必要があり，生徒にとっては解法①と同様に考えることに困難を感じることが予想される。解法④'の2つは，凹型四角形（やじり型）を用いている点は共通であるものの，帰着する図形が1つの場合と2つの場合とに分かれる特徴がある。解法②'と解法④'(2)は，図形へのアプローチは異なるものの帰着する図形が同じであり，式が同じになる面白さがある。解法⑨'は，基にする図形を三角形から四角形に変えてみようという発想が必要となる。

3　m 点飛ばしの星形 n 角形への一般化

⑴　さらなる一般化の契機となる解法

一般化を志向し，⑨の解法から⑨'(1)の解法を考えた際，基にする図形を三角形から四角形へと捉え直した。一方，基にする図形が三角形のままであっても⑨の解法に基づく一般化を考えることもできるはずである。

こうした観点から，星形七角形において，内部にできている七角形 HIJKLMN（図22）の一つの頂点と内角の一部を含む三角形を考えてみる。例えば，点 C と点 G を結ぶ補助線により，△HCG ができる（図23）。同様の操作により，星形七角形の内部に7つの三角形ができる。このとき，興味深いことは，2点飛ばしの星形七角形が現れていること

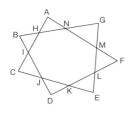

図22　星形七角形

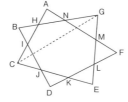

図23　△HCG

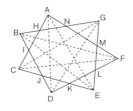

図24　内部の星形七角形

である（図24）。このように，⑨の解法と同様に，基にする図形を三角形のままにして星形七角形の内角和を求めるためには，2点飛ばしの星形七角形の内角和を求める必要が生じるのである。

2点飛ばしの星形七角形の内角和は，外角の性質による解法（図25）や凹型四角形（やじり型）による解法（図26），1つの三角形に集められる。このため，この解法（解法⑨'（2）とする）による星形七角形の内角和は，$180 \times 7 - 180 \times 5 + 180$ と表せる。

(2) m 点飛ばしの星形 n 角形

2点飛ばしの星形 n 角形の内角和を求める式は，$180(n-6)$ である。さらに3点飛ばし，4点飛ばし，…と考えることで，m 点飛ばしの星形 n 角形の内角和を求める式は，$180\{n-(2m+2)\}$（ただし，$n>2m+2$）と表せる。

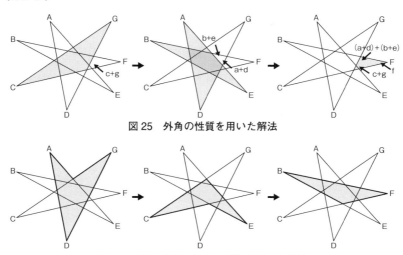

図25 外角の性質を用いた解法

図26 凹型四角形（やじり型）を用いた解法

この式 $180\{n-(2m+2)\}$ は，$m=0$ のとき $180(n-2)$ となり，多角形の内角和を表す式である。生徒は，多角形の内角和と星形多角形の内角和

は異なるものと認識しているはずである。このため，m 点飛ばしの星形 n 角形に関する考察へと展開する学習指導は，「はじめは，異なったものとして捉えられていたものについて，ある必要から共通の観点を見いだして一つのものにまとめる」（中島，1981，p.127）という「集合による統合」を実現できるよさがある。

4 擬変数の活用を重視した学習指導の構想

⑴ 「数字の式」と「文字の式」に関する解法ごとの整理

　上記解法①'から⑨'⑵の 11 個の解法それぞれに基づいて一般化を志向してみる。そこで，「数字の式」と「文字の式」を解法ごとに整理する。その際，「「数字の式」に内在する擬変数をよみとる」（藤井，2006，p.307）ことの重要性を受け，擬変数を用いた「数字の式」も示

表3　解法ごとの「数字の式」と「文字の式」

	内角和を求めるための 「数字の式」	擬変数を用いた 「数字の式」	「文字の式」
解法①'	180×3	$180(7-4)$	$180(n-4)$
解法②'	$180 \times 2 + 180$	$180(\frac{7+1}{2}-2)+180(\frac{7-1}{2}-2)$	n が奇数のとき： $180(\frac{n+1}{2}-2)+180(\frac{n-1}{2}-2)$
解法③'	180×3	$180(7-4)$	$180(n-4)$
解法④'⑴	180×3	$180\{(7-2)-2\}$	$180\{(n-2)-2\}$
解法④'⑵	$180 \times 2 + 180$	$180(\frac{7+1}{2}-2)+180(\frac{7-1}{2}-2)$	n が奇数のとき： $180(\frac{n+1}{2}-2)+180(\frac{n-1}{2}-2)$
解法⑤'	$180 \times 5 - 360$	$180(7-2)-360$	$180(n-2)-360$
解法⑥'	$180 \times 7 - 360 \times 2$	$180 \times 7 - 360 \times 2$	$180 \times n - 360 \times 2$
解法⑦'	$180 \times 5 - 180 \times 7$ $+180 \times 5$	$180(7-2) - 180 \times 7$ $+180(7-2)$	$180(n-2) - 180 \times n$ $+180(n-2)$
解法⑧'	720×7 $-5 \times 180(7-2)$	$180\{(7-1)-2\} \times 7$ $-(7-2) \times 180(7-2)$	$180\{(n-1)-2\}n -$ $180(n-2)(n-2)$
解法⑨'⑴	$\{360 \times 7 - 180(7-2)\} \div 3$	$\{180(\frac{7+1}{2}-2) \times 7 -$ $180(7-2)\} \div \frac{7-1}{2}$	n が奇数のとき： $\{180(\frac{n+1}{2}-2) \times$ $n-180(n-2)\} \div \frac{n-1}{2}$
解法⑨'⑵	$180 \times 7 - 180 \times 5$ $+180$	$180 \times 7 - 180 \times (7-2)$ $+180(7-6)$	$180n - 180(n-2)$ $+180(n-6)$

す（表3）。

　このように2種類の「数字の式」と「文字の式」とに整理し解法ごとに比較をした場合，「文字の式」を比較的簡単に得ることができるものと数量間の関係を吟味する必要のあるものとがあることがわかる。なお，解法②'，④'（2），⑨'（1）において n が偶数のときの「文字の式」は，$180\left(\frac{n}{2}-2\right)\times 2$ である。

⑵ 「文字の式」に表すことへの擬変数の活用

　解法⑥'の式からは，「7」を文字 n に置き換えるだけで一般式を得ることができる。一方，星形七角形の内角和をある多角形の集まりから捉える解法やある多角形の内角和に帰着する解法では，「7」とある多角形との間の数量関係を捉え直す必要がある。例えば，解法④'（1）であれば，帰着した五角形の「5」を星形七角形の「7」との関係から「7-2」と捉え直し $180\{(7-2)-2\}$ と表現する必要がある。つまり，「数字の式」において独立変数を意識するとともに，独立変数と従属変数との関係を捉える必要があるのである。

　独立変数を意識し独立変数と従属変数との関係を考えさせるためには，まず，解法ごとに星形五，六，七角形…の変化に伴って，変化するものと変化しないものとを捉えさせる。つまり，「数字の式」における変数と定数とを見極め，変数に焦点を当てる必要があるのである。次に，解法が多様であることを利用し，例えば，「数字の式」に独立変数である「7」が現れている解法⑥'の式：$180\times 7-360\times 2$ から一般式：$180\times n-360\times 2$ が導出しやすいことを契機として，他の解法も，「7」を用いて数量間の関係を表現し直せないかを考えさせる。この過程において，擬変数を用いた「数字の式」が表現されるはずである。実際，「個別の数が擬変数となるための条件は，数の間の関係への意識と変域の意識の有無である。」（藤井，2006，p.310）と言われている。数値結果を求めるための「数字の式」から擬変数による一般性を志向した「数字の式」

への過程は，生徒がはじめから意識することは難しい。このため，教師の適切な介入によって比較検討を行い，擬変数を用いて数量間の関係を表現する自力解決を生徒に促すことが必要となる。

　武井・藤井（2003）では，「原田・石田（2002）が示唆するように，階差に着目する過程において，階差を加法の形式にのせて表し，そこから一般式に至るながれが妥当と思われる」（p.239）としている。本稿でのm点飛ばしに関する例に置き換えると，一般式$180\{n-(2m+2)\}$の導出のために，1点飛ばしの式$180(n\text{-}4)$，2点飛ばしの式$180(n\text{-}6)$，3点飛ばしの式$180(n\text{-}8)$，…から，カッコ内の数値が2ずつ増えるという特徴が捉えられる。そして，この特徴を加法の形式：$180\{n-(2+2)\}$（1点飛ばし），$180\{n-(2+2+2)\}$（2点飛ばし），$180\{n-(2+2+2+2)\}$（3点飛ばし），…にすることを考えさせたり表現してみせたりする。この過程があると，乗法の形式：$180\{n-(2\times1+2)\}$，$180\{n-(2\times2+2)\}$，$180\{n-(2\times3+2)\}$に結び付きやすい。こうして，生徒自らが一般式を導く経験ができ，擬変数を用いることのよさを感得できるはずである。

5　おわりに

　本稿では，「星形多角形の問題」を例として擬変数の活用を重視した学習指導が構想された。既存の教材であっても，授業のねらいや生徒の実態によって「どの部分を生徒の活動にするかを見極める」ことが変わってくるはずである。このため，「素材を数学的に深めたり広がりを考えたりする」ことを継続的に行いながら，そこで得た知見を教師間で共有することが大切である。実際，松原元一（1977）は，「一つの教材はその教材を中心としてそれに近いもの遠いものとの関係を網の目のように絡ませておかねばならない。その事項をとりあげるとき，すなわち網の目の一つの結び目をもちあげると四方に絡まる他の結び目が近いものから順次にもちあがってくるような状態で構造化しておく必要があ

る。」（pp.188-189）と述べている。

　今後は，授業者や研究者にとっての創造的な活動となるように，また，子どもの実態を捉える眼を鋭くする活動となるように教材研究を意識しつつ，複数の教材について擬変数の活用を重視した学習指導を構想し実践による効果を明らかにすること，構想した学習指導を教員養成や教員研修に活かすことが課題である。

〔謝辞〕　本研究は，JSPS 科研費 18K02604 の助成を受けたものです。

〔引用・参考文献〕

藤井斉亮（1999）．「数字の式」から「文字の式」に至る指導─擬変数について─．杉山吉茂先生ご退官記念論文集編集委員会編著，新しい算数・数学教育の実践をめざして（pp.153-162）．東洋館出版社.

藤井斉亮（2000）．「式に表す」ことの困難性について．数学教育論文発表会論文集，33，349-354.

藤井斉亮（2006）．初等教育段階における代数的思考の育成─擬変数の理解に焦点を当てて─．数学教育論文発表会論文集，39，307-312.

藤井斉亮（2017）．擬変数の役割と機能及びその理解の様相について．藤井斉亮先生ご退職記念論文集編集委員会編著，数学教育学の礎と創造（pp.22-32）．東洋館出版社.

藤井斉亮・成田慎之介・清野辰彦（2018）．数学的問題解決における日米共通調査再考─「マッチ棒の問題」の解決における式表現と擬変数に焦点を当てて─．日本数学教育学会誌，100（10），2-15.

原田昌彦・石田淳一（2002）．5 年生の「一般化」問題解決における困難性克服に関する教授実験．日本数学教育学会誌，84（10），2-11.

石田淳一（2002）．小学生の「一般化」問題の解決における困難性．日本数学教育学会誌，80（6），2-8.

前田琢磨（2001）．ループよる星形多角形の内角和の公式．日本数学教育学会誌，83（7），2-9.

松原元一（1977）．数学的な見方考え方．国土社.

文部科学省（2018）．中学校学習指導要領（平成 29 年告示）解説数学編．日本文教

出版.

中島健三（1981）．算数・数学教育と数学的な考え方─その進展のための考察．金子書房.

南新秀一・佐々木英一・吉岡真佐樹編著（2003）．新・教育学─現代教育学の理論的基礎─．ミネルヴァ書房.

太田伸也（2008）．数学教育における教材開発の役割．日本教材学会編，「教材学」現状と展望 下巻（pp.84-94）．協同出版.

島田茂編著（1977）．算数・数学科のオープンエンドアプローチ─授業改善への新しい提案．みずうみ書房.

武井祐子・藤井斉亮（2003）．関数関係を「式に表す」ことの困難性について．数学教育論文発表会論文集，36，235-240.

若松義治（1994）．中学2年生の一般化の理解についての調査研究．日本数学教育学会誌，76（5），10-17.

吉川行雄（2002）．数学科教育法の授業を学校現場と一体化させるための実践的研究．科学研究費補助金 基盤研究（c）研究成果報告書．課題番号 11680171.

新しい性質を見出す数学的探究過程についての考察
―四角形の角の二等分線の問題を事例として―

中村 光一

1 はじめに

　数学教育において，ある事象をもとに新しい性質を見出したり，問題を発展したりする探究を進めることは大切なことである（中島，2015）。しかし，最初に事象をみたとき，事象の何に焦点を当て考え始めるのか，大切な条件は何かなどがはっきりしない。そして，どの数学の知識を用いるかもはっきりしない。また，探究の過程を通して得られた結果が正しいかどうか，数学的に意味があることなのかも迷う。新しい性質を見出したり，問題を発展したりする探究過程において何が困難で，その困難をいかに乗り越えるかを想定することが不可欠であろう。そのために，四角形の4つの角の二等分線の性質を探究する過程を想定し，その探究過程において困難を感じる状況について考察する。「四角形の4つの角の二等分線はどのような図形をつくるか」という問題は，三角形の3つの角の二等分線が1点で交わることから思いつく問題である。この問題は先行研究において，作図ツールを用いた一連の探究の課題が工夫されたり（飯島2010，飯島2015），命題の真偽を確かめるために，条件を強めたりした場合に結果がどうなるかを思考すること（和田義信著作・講演集刊行会，1997，p.40）が強調されたりしている。

2 解決の過程

⑴ 考える対象と問題の明確化

　三角形の3つの角の二等分線が1点で交わることをもとにすると，四角形の4つの角の二等分線はどのようになっているのかという疑問が生ずる。適当な四角形ABCDを描いて考え始めると4つの角の二等分線は6点E,F,G,H,I,Jで交わる（図1）。この状態で，4つの角の二等分

線のつくる図形がどのような性質をもつかを推測することは容易ではないので，特殊な場合を考える。

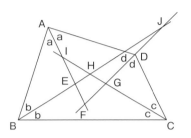

図1　四角形の角の二等分線の交点

　正方形では1点，平行四辺形（図2）では4点で交わる。平行四辺形の場合をよくみると，4点は隣り合う角の二等分線の交点である。一般の四角形の場合，隣り合う角の二等分線の交点が4点と向かい合った角の二等分線の交点が2点I,Jの合わせて6点である（図1）。角の二等分線でできた図形のうち，何を考える対象とするのがよいかを決めるために，いずれの四角形においても常にできる交点に注目する。すなわち，隣り合う角の二等分線の交点に着目し，「四角形の隣り合う角の二等分線の交点がつくる図形に性質」について調べる。まず，結論は明確でないが，「平行四辺形の隣り合う角の二等分線の交点を結んでできる図形は○○である」と命題の形で表現してみる。図を描き□EFGHは長方形であると推測する。

　∠BAE＝a，∠ABE＝bとする。平行四辺形の同側内角の和は180度だから2a+2b＝180°，よってa+b＝90°。三角形の内角の和は180度だから，△AEBにおいて，∠AEB＝90°であり，∠HEF＝∠AEB＝90°である。同様にして，∠HEF＝∠EFG＝∠FGH＝∠GHE＝90°である。よって□EFGHは長方形である。

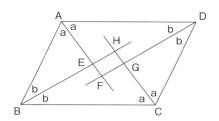

図2　平行四辺形の角の二等分線の交点のつくる図形

　特殊な場合をいくつか調べ，隣り合う角の二等分線に注目することを前提として，仮定することを明示的にすることで，推論が可能となった。そして平行四辺形の角の二等分線のつくる図形が馴染みのある図形であることがわかり，さらに別の場合を調べる可能性が感じられる。

　仮定に基づいた推論を振り返ってみる。根拠とした性質は，四角形の辺 AD と BC，AB と DC がそれぞれ平行であること，三角形の内角の和は180度であることの2つである。台形や一般の四角形について考えるとき，平行という性質を利用せずに，角の二等分線からできる図形の角の大きさを調べることができなければならない。

⑵　角の二等分線で四角形ができる場合

　平行の条件をひとつはずして，台形の隣り合う角の二等分線の交点を結んでできる図形について考えてみる（図3）。平行四辺形での推論を参照すると，∠HEF＝∠FGH＝90°である。□EFGH は円に内接する四角形である。ところで，今∠EFG と∠GHE の大きさの和は180°である。これを平行の性質を使わずに導けないかを考えてみる。四角形の内角の和が360°であることを利用すると，a+b+c+d＝180°である。∠EFG＝180−(a+d)＝180−{180−(b+c)}＝b+c となり，同様にして∠GHE＝a+d である。よって∠EFG＋∠GHE＝180°である。∠EFG と∠

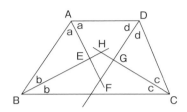

図3　台形の角の二等分線の交点のつくる図形

GHE の角の大きさの関係を調べるときに平行の性質は利用していない。三角形の内角の和が 180° であることを利用するだけで，四角形の隣り合う角の二等分線の交点を結んでできる図形についての推論ができた。命題として言語化すると，「四角形の隣り合う角の二等分線の交点を結んでできる図形は円に内接する四角形である」である。

　問題が明確でない状況では，考える方向を見つけ出すために特殊化が助けになる（Mason ほか，1982, pp.7-8）。また，結論が明確でなくても仮定に基づいて推論をすることが可能である。そして結論が導けると推論の過程がそのまま証明となる。また，推論の過程を振り返ることで，条件をゆるめた四角形の場合にできる図形についての推論をより効果的に進めることができた。実際，条件を減らし，角の大きさの関係をどのようにして導くかに焦点を当てて考えることができた。新しくできた図形について，元の図形との関係でわかったことをまとめると表1の通りである。

　元の図形と新しくできた図形の性質の関係に着目すると，元の図形が長方形から台形へと辺の長さの関係，平行関係の条件が減るごとに，新しくできた図形も正方形から長方形，向かい合う角が直角の四角形，そして円に内接する四角形へと角の条件が次第に減る。元の図形の平行の

表1　四角形の隣り合う角の二等分線がつくる図形（その1）

元の図形	長方形	平行四辺形	等脚台形	台形	四角形
性質	向かい合う2組の辺の長さが等しく4つの角が等しい	向かい合う2組の辺が平行で，長さが等しい	向かい合う1組の辺が平行で，他の1組の辺の長さが等しい	向かい合う1組の辺が平行	
できた図形	正方形	長方形	円に内接する四角形		
性質	4つの角が直角で4辺の長さが等しい	4つの角が直角	向かい合う2組の角が直角	向かい合う1組の角が直角	向かい合う角の和が2直角

　条件が減ると新しくできた四角形の角の条件が減り，同様に，元の図形の辺の長さの条件が減ると新しくできた四角形の辺の長さの条件が減る。新しくできた図形はいずれも円に内接する図形である。

(3)　角の二等分線が1点で交わる場合

　四角形の隣り合う角の二等分線が1点で交わる場合が曖昧なまま残されている。正方形，ひし形の場合には1点で交わることはわかるが，一般の四角形において1点で交わる場合があるのかどうかがはっきりしない。図を描いても予想がつかないので，命題の形で書いてみると「○○の性質を満たす四角形の隣り合う角の二等分線は1点で交わる」となる。仮定がわからないので推論を進めることが容易でない。そこで逆の命題を考えてみる。「四角形の隣り合う角の二等分線が1点で交わるのは○○の性質を満たす四角形である」となる。逆の命題は仮定をもとに推論が可能である。

　四角形の隣り合う角の二等分線が1点Oで交わるとき（図4），点Oから各辺に垂線を下ろしその足をそれぞれP, Q, R, Sとする。△OQCと△ORCにおいて，∠OQC＝∠ORC＝90°，OCは共通，∠OCQ＝∠OCRであり，直角三角形において斜辺と1鋭角が等しいので△OQC≡△ORCであり，OQ＝ORである。同様にして，OQ＝OR＝OS＝OPであり，点Oは□ABCDに内接する円の中心である。「四角形の隣り合う角

121

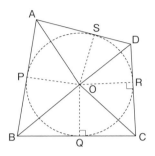

図4　四角形の角の二等分線が1点で交わる場合

の二等分線が1点で交わる四角形は円に外接する」ことがわかった。隣り合う角の二等分線が1点で交わる正方形やひし形も円に外接する四角形である。

　逆の命題「円に外接する四角形の隣り合う角の二等分線は1点で交わる」は成り立つのだろうか。図5のように，点 O を円の中心として，四角形の各辺と円の接点を P,Q,R,S とする。△ OPB と△ OQB において，OP = OQ, PB = QB, ∠ OPB = ∠ OQB で2辺とその間の角が等しいので△ OPB ≡ △ OQB である。そのため∠ PBO = ∠ QBO。同様にして，∠ QCO = ∠ RCO, ∠ RDO = ∠ SDO, ∠ SAO = ∠ PAO となり，円の中心と各頂点を結ぶ線分は，それぞれの角の二等分線となっている。

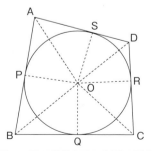

図5　円に外接する四角形の場合

　1点で交わる場合の探究では，予想がつきづらいときに，命題の形で表現し，逆の命題を考えることで解決の契機が見出された。正方形，ひし形は確かに円に外接する四角形である。円に外接する四角形は向かい合った辺の長さの和が等しいという性質をもとにすると，正方形やひし形に加えてたこ形も円に外接する四角形の特殊な場合であることがはっきりする（表2）。

表2　四角形の隣り合う角の二等分線がつくる図形（その2）

元の図形	正方形	ひし形	たこ形	円に外接する四角形
性質	4辺の長さが等しく4つの角の大きさが等しい四角形	4辺の長さが等しい四角形	隣り合う2組の辺の長さが等しい四角形	向かい合う2組の辺の長さの和が等しい四角形
できた図形	1点で交わる			

⑷　角の二等分線が2点や3点で交わる場合

　4点で交わる場合と1点で交わる場合が解決できたので，隣り合う角の二等分線が2点や3点で交わることがないかが気になる。調べてみると，2点で交わる場合も3点で交わる場合もないことがわかる。

　隣り合う角の二等分線が2点で交わる場合を考えると，向かい合う1組の角の二等分線が一致する場合である（図6）。□ABCDにおいて△ADB ≡ △CDBである。この条件のもとでは4本の角の二等分線は1点で交わるという仮定に矛盾する。すなわち，2点で交わることはない。また隣り合う角の二等分線が3点のみで交わる場合も同様である。

⑸　四角形の隣り合う角の二等分線がつくる図形についてわかったこと

　これまでにわかったことを表1と表2をもとに振り返り整理する。四角形の隣り合う角の二等分線の交点を結んでできる図形には2つの場合がある。ひとつは，向かい合った辺の長さの和が等しい四角形では隣

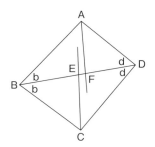

図6　2点で交わる場合

り合う角の二等分線がつくる図形は1点になる。その他の四角形においては，隣り合う角の二等分線がつくる図形は円に内接する四角形である。前者の場合は，元の図形が正方形，長方形，そしてたこ形が特殊な例である。後者の特殊な例は元の図形が長方形，平行四辺形，台形である。

　四角形の隣り合う角の二等分線がつくる図形の性質として見出した性質が，いずれも円に関わっている。1点で交わる場合と4点で交わる場合の違いは，元の図形の性質をもとにすると，辺の長さが影響していることがわかる。単純に正方形を向かい合う1組の辺の長さを変えずに長方形にするとき，隣り合う角の二等分線が1点で交わっていたのが4点で交わるようになる。このような感覚が適切であったこともわかる。

⑹　**凹四角形では同じような性質が成り立つか**

　凹四角形を想定すると，図7の通りとなる。できた□ EFGH には特別な性質は見出せない。よくみると隣り合う角の二等分線でできる図形でないことに気づく。

　角 A の隣の角は角 B，その隣は角 C として，隣り合う角の二等分線の交点を注意深く探し交点を描く（図8）。凹四角形の隣り合う角の二等分線の交点を E,F,G,H とすると，元の図形と同様の凹四角形ができ

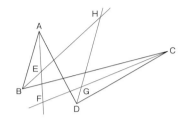

図7　凹四角形の角の二等分線の交点のつくる図形　その１

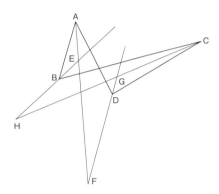

図8　凹四角形の角の二等分線の交点のつくる図形　その２

る。∠BAD = 2a，∠ABC = 2b，∠BCD = 2c，∠CDA = 2d とすると，∠HEF = ∠HGF = a+b，∠EHG = ∠EFG = d−a となる。円周角が等しいので，4点E,F,G,H は同一円周上にあることがわかる。凹EFGH は円に内接している。

　凹四角形を考えるとき，凸四角形のとき最初に取りあえず決めた角の二等分線でできる図形の条件のひとつである隣り合う角の二等分線を考える対象としたことを維持することで，凹四角形において凸四角形と同様の性質が成り立つことがわかる。

3 探究過程の考察：何が困難でどのように乗り越えたか

　新しい性質を見出そうとする探究過程では，考える対象，そして解決の見通しがはっきりしない困難が生ずる。ひとつは，角の二等分線の交点として何を考えればよいかがはっきりせず，新しくできる図形を特定する条件を明確にすることが容易でなかった。他のひとつは，1点で交わる場合に，図を描いてもどのような図形の性質に着目すればよいかがはっきりしなかった。いずれも考える対象を明確にすることが容易でないことが共通している。前者は性質の異なる図形において，いずれにもみられる結果を想定することで考察の対象を明確にした。そしてその適切さは，探究が進んで凹四角形を考察するとき確かとなった。後者は図形としてイメージできないため，仮に命題の形で言語化し，逆の命題を考えることで考える対象を明確にした。この適切さは命題を証明することで確信した。

　考える対象がある程度はっきりすると，特殊化し解決の見通しを得ることができる。しかし，最初に特殊化するとき，それが適切かどうかには確信がない。特殊な例がどのような意味で特殊なのかは，一般化した命題が明確になるとき初めてはっきりする。円に内接する四角形ができる場合では，一般化した性質がわかったとき，台形が一般化のために役立つ特殊例であることがわかる。1点で交わる場合でも，正方形やひし形は特殊な例としてすぐ想起できるが，特殊の意味は明確でない。たこ形は特殊な例として思いつくのが容易ではない。向かい合った辺の長さの和が関係していることがわかったとき，正方形，ひし形，たこ形が特殊な例であることがわかる。一般化，特殊化し考えるときは，一般化がなされたあと，わかった個々のことを関係づけて整理し，一般と特殊の関係を明示することが不可欠である（Mason ほか，1982，p.8；ポリア，

1959, pp.16-17)。

　新しい性質を見出そうとする探究過程では，命題の結論を明示せず仮定から推論を進める。仮定と結論が明示され命題を証明することがなされるわけではない。また，見出した性質が正しいかどうかは，証明をすること，そして見出された命題の間の整合性を考えることで確信をもつようになる。最初は，はっきり確信をもてない状態で推論を進めて，一般化がなされ特殊な例の整理ができたときに，得られたことが正しいかどうかがはっきりする。藤井（2020）も命題の発見の過程を記述し，擬変数という認識のもと振り返ることの重要性を指摘している。新しい性質を見出す過程では，それまでわかったこと，行ってきたことの意味を振り返り，見出した性質から考え直すときに初めて見出した性質とその過程に確信をもてるという意味で振り返ることが重要であろう。そして，解決を推進する根本的な動機は，本当にわかったのか，気づいたすべてのことが説明できたのか，という問いであろう。

〔引用・参考文献〕

藤井斉亮（2020）．擬変数の役割と機能：命題の発見過程に焦点を当てて．学芸大数学教育研究，32, 15-24.

飯島康之（2010）．作図ツール Geometric Constructor を使った探究事例と教育実践について．数理解析研究所講究録，1674, 99-111.

飯島康之（2015）．GC Resource Center いろいろな問題（all）．http://www.auemath.aichi-edu.ac.jp/teacher/iijima/gc_rc/index_pr.htm（2021 年 9 月 22 日最終確認）

Mason, J., Burton, L., Stacey, K.（1982）. *Thinking mathematically*. London：Addison Wesley.

中島健三（2015）．算数・数学教育と数学的な考え方―その進展のための考察―．東洋館出版社．

ポリア，G.(1959)．帰納と類比　数学における発見はいかになされるか．丸善．

和田義信著作・講演集刊行会（1997）．和田義信著作講演集 4 講演集（2）考えることの教育．東洋館出版社．

「さしがねの角目で丸太の直径を測ると角材の1辺がわかるのはどうしてだろう？」を実践して

本田 千春

1 本稿の目的

筆者は，現実世界の問題を数学を使って解決する，数学的モデル化の活動を，授業に積極的に取り入れている。数学的モデル化とは，現実世界の問題を，数学的に扱うことができるように定式化し，それを適切な数学的手法を用いて解決する，その結果を現実世界に戻して解釈する，という一連の過程である。本研究では，数学的モデル化を遂行する力の一つである，現実事象を幾何学化する力に焦点を当てる。現実事象を幾何学化する力を，「現実事象における形や位置，それらの関係に着目し，図形の性質などを用いて問題解決する力」と定義する。現実事象の幾何学化に焦点を当てる訳は，先行研究から，事象から図形を見いだしたり，その図を数学的に解釈したりすることに困難をきたす生徒が多いことがわかっているからである。これは，全国学力・学習状況調査の結果からも明らかである。例えば，平成22年度（2010年）の数学B ⑤（図1）では，パイプの構造を図形として捉え，パイプの端点をつないでできる図形が平行四辺形であると解答できた生徒は59.7 %，平行四辺形になることの根拠を書くことができた生徒は10.0 %だった。平成26年度（2014年）の数学B ①（図2）は，(1)(2) 文化祭の準備をする場面において，教室の配置の様子や校舎を外から見た様子を平面上に表した図を考察することで，それらの事象の特徴を的確に捉える問題と，(3) 校舎に横断幕を取り付ける位置を求める方法を説明する問題である。

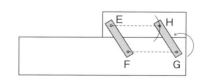

図1　道具箱の問題の図
（全国学力・学習状況調査 B ⑤(2)，H22年度）

（1）の正答率は 77.4 %，（2）は 93.0 %とかなりの好成績であるが，（3）は 61.3 %とやや低くなっている。このことから，与えられた図から情報を適切に選択し，空間における図形の位置関係を的確に捉えることや日常的な事象を表した図を観察し，空間における位置に関する情報を適切に読み取ることなどはできているが，事象を理想化・単純化し，その結果を数学的に解釈し，問題解決の方法を数学的に説明することには課題があることがわかる。これら課題の一因は教科書にあると考える。現行の教科書では，図3や図4のように，すでに理想化・単純化された図が与えられていることが多い。現実世界の問題解決では，これらの図を自らかかなくてはならないが，その部分を実際の授業で扱うことを想定していないのである。また，なぜその方法で2地点間の距離や木の高さを求めることができるのかを説明させるような問いもなく，幾何学的表現によるモデルを数学的に処理するだけで終わっている。このような指導の結果，図形の性質を理解はできているが，事象を理想化・単純化し，その結果を数学的に解釈し，問題解決の方法を数学的に説明する

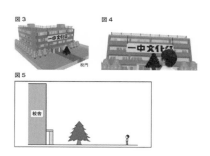

図2　横断幕の問題の図
（全国学力・学習状況調査 B ①(3)，H26 年度）

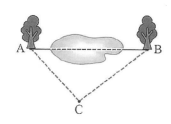

図3　池をはさんだ2地点間を求める問題の図（岡本ほか，2015）

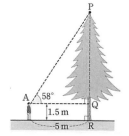

図4　木の高さを求める問題の図（藤井ほか，2018）

ことに困難さを示す生徒が多くなっているのではないか。

　本稿では，教科書の巻末に掲載されている題材を授業で扱い生徒の実態を明らかにし，問題解決の方法を数学的に説明する力を育成するための示唆を得ることを目的とする。

2　扱う題材

さしがねの角目で丸太の直径を測ると角材の1辺がわかるのはどうしてだろう？

　さしがねに固有な目盛りの一つである角目の基本的な使い方について考える問題である。角目で丸太の切断面の直径を測れば，切り出すことができる角材（正四角柱）の1辺がわか
る。この仕組みには，中学3年生で学習する「円周角の定理」または「円周角の定理の逆」と「三平方の定理」が活用されている。本問題は，教科書の巻末に数学を活用する問題として掲載されており（例えば，岡本ほか，藤井ほか），数学を活用した道具の仕組みを考えることを通して，数学のよさや必要性を実感させることができる題材である。

　丸太の切断面を円と仮定し，丸太の切断面に図5のようにさしがねをあてると，円周角の定理により，丸太の切断面の直径はPQとなる。または，図6のようにさしがねをあてて直径を見つける場

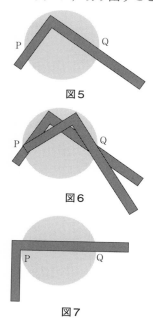

図5

図6

図7

合には，円周角の定理の逆により，PQ が直径であることを説明でき
る。図7のように，直径 PQ にさしがねの角目の目盛りをあてて測れ
ば，その値が，角材の1辺の長さである。

　教科書の巻末では，角目の目盛りが普通の目盛りの$\sqrt{2}$倍であること
を与え，さしがねの使い方を示し，なぜこの方法で丸太から切り出すこ
とができる角材の1辺の長さがわかるのかを考えさせるという流れに
なっているが，本実践では，角目の目盛りが普通の目盛りの$\sqrt{2}$倍になっ
ているところから見いださせることにした。この活動を入れることによ
り，三平方の定理を想起させることができ，また，さしがねの工夫の理
解がより一層深まると考えたからである。角目の目盛りが$\sqrt{2}$倍になっ
ていることに気づかせるためには，$\sqrt{2}$をつくる経験を通して$\sqrt{2}$の長さ
が存在することを実感させておくことと，$\sqrt{2}$の近似値が 1.4 であること
を理解させておくことが重要である。本校では，三平方の定理の導入課
題で「面積 1，2，3，…，10 ㎠の正方形はかけるか」を考えさせてお
り，その中で面積 2 の正方形の1辺を$\sqrt{2}$と表すことから平方根の学習
に入った。2 乗して 2 になる数を電卓で求める活動を行い，$\sqrt{2}$は無理数
という小数点以下が無限に続く小数であることを学習している。

3　授業の実際（50 分間）

　本授業は三平方の定理を学習した直後である 3 年生の1学期に実施
した。円周角の定理は 2 年生の 3 学期に学習した。三平方の定理を利
用して，特別な直角三角形の辺の比については学習しているが，三平方
の定理を利用して三角形の高さを求めたり，直方体の対角線を求めたり
するような活動は行っておらず，三平方の定理を利用することにはまだ
慣れていない状況であった。

(1)　課題を把握する

　さしがねという大工道具について確認した。1年生の技術の授業でさ

しがねを使って木工の制作を行ったことを話題にした。さしがねを使うと、丸太から切り出すことができる角材の１辺を簡単に知ることができることを伝えた。丸太から角材を切り出すという状況を理解できない生徒がいることが予想されたので、写真を見せたり、円柱や正四角柱の模型を使ったりして理解させた。グループ（3，4名で１グループ）に１本ずつさしがねを配布し、さしがねを観察させた。

⑵　**角目の目盛りが普通の目盛りの√2倍であることを見いだす**

　授業で使用したさしがねには、「丸太の直径を測れば、角材の１辺がわかる」という文字が印字されている。このことから、図8のように考え、角目の目盛りは普通の目盛りの

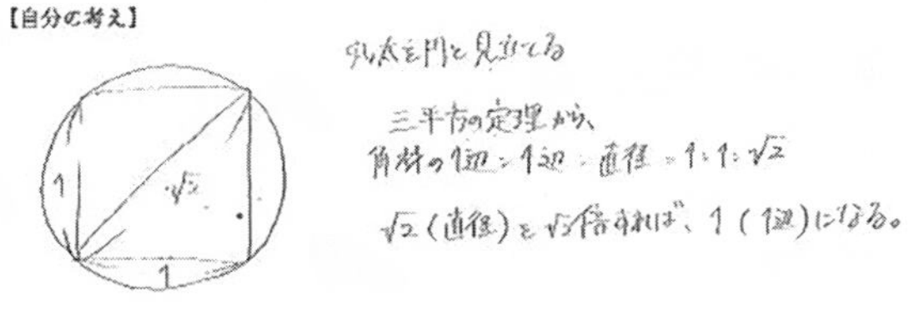

図8　生徒のノートより

√2倍であると考えることを期待していた。しかし、ほとんどの生徒が、この段階では三平方の定理と結び付けることができず、普通の目盛りと角目の目盛りを比較することで、約1.4倍になっていることを見いだした。丸太の直径と角材の１辺にはどのような関係があるのかを問うことで、1：1：√2の直角三角形を見いだすことができ、約1.4倍は正確には√2倍であることを確認した。

⑶　**直径を見つける方法を考える**

　さしがねの直角を円周角の90°と考え、円周角の定理、または円周角の定理の逆を用いて直径を見つける方法に気が付くことはそれほど困難ではないと予想していた。しかし、外接する正方形をつくり対

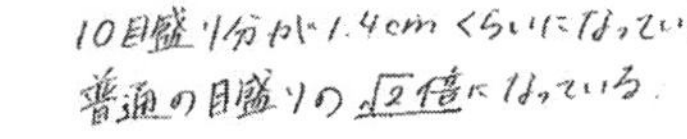

図9　生徒のノートより

角線を引く方法を考えた生徒の方が多かったので，図10のような順番
で発表させた。

T：数学的にはこの
　　方法で直径が見つ
　　けられることは間
　　違いではありませ
　　んが，大工さん
　　は，外接する正方
　　形をかくでしょう

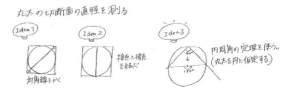

図10　生徒のノートより

　　か。大工さんが丸太の切断面にさしがねをあてているところを想像し
　　ましょう。

S1：これは，平面上だからできることなので，大工さんはこの方法で
　　はないと思います。

T：この正方形を使って円の外に線を引かないで，直径を見つけること
　　はできませんか。

S2：接点と接点を結べば直径になります。

T：そうですね。他の方法を考えていた人もいます。S3さんの発表を
　　聞きましょう。

S3：さしがねの直角の部分を円周にあてて，（略）（図を用いて方法を
　　説明する）。

　　この方法が発表されたときには，「なるほど」「2年生のときにやった」
「こっちの方が簡単」などの声が上がった。なぜこの方法で直径が見つ
けられるのかを考えさせたところ，ほとんどの生徒が，「円周角の定理
により，円周角が90°だから中心角はその2倍の180°になるので直径
である」と記述することができた。円周角の定理を使うと外接する正方
形との接点を結ぶ方法よりも簡単に直径を見つけることができること，
そして，円周角の定理を使うためには，丸太の切断面が円であると仮定

していることを生徒から引き出した。

(4) 直径の長さを測り角材の１辺を求める

さしがねの角目を直径にあてて直径の長さを測ると，角目で6.5であることから角材の１辺が6.5cmであること，直径の実際の長さは$6.5\sqrt{2}$ cmであることを確認した。

(5) 直径の長さを測れば角材の１辺がわかる訳を考える

T：角目で直径を測ると6.5だと角材の１辺が6.5cmになるのはどうしてですか。

S：角材の１辺と丸太の直径の比は，三平方の定理で学習した直角二等辺三角形の辺の比だから，１：$\sqrt{2}$です。角目は普通の目盛りの$\sqrt{2}$倍になっているから，角目の目盛りがそのまま角材の１辺の長さになります（図を用いて説明する）。

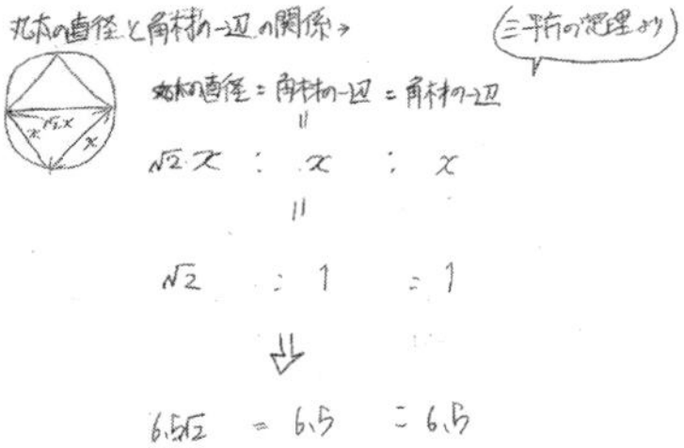

図11　生徒のノートより

図11のように，角材の１辺をxとして考える生徒もいた。

(6) 振り返りを行う

授業の最後に本授業で学んだこと，解決の過程を振り返ってわかることなどを書かせた。さしがねの工夫に円周角の定理や三平方の定理が活用されていたことから数学の実生活への応用に関心を高めている様子がうかがえる。

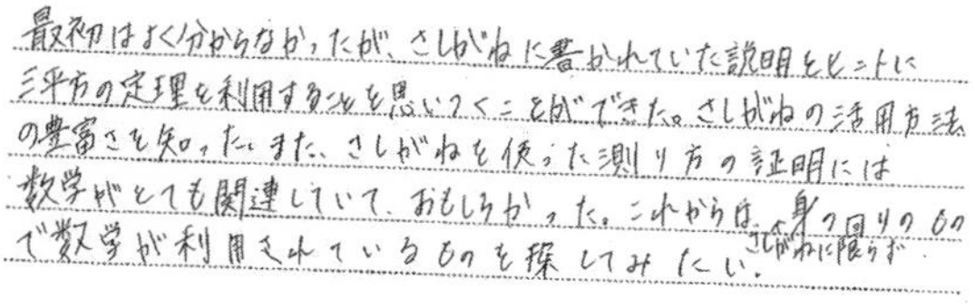
最初はよく分からなかったが、さしがねに書かれていた説明をヒントに
三平方の定理を利用することを思いつくことができた。さしがねの活用方法
の豊富さを知った。また、さしがねを使った測り方の証明には
数学がとても関連していて、おもしろかった。これからは、さしがねに限らず身の回りのもの
で数学が利用されているものを探してみたい。

図12　生徒のノートより

4　本実践から得られた示唆

　問題解決の方法を数学的に説明する力を育成するための示唆として次の２点を挙げる。

① 　三平方の定理を想起できなかったことについて

　特別な直角三角形の辺の比について学習しただけでは，その辺の比を導く基になっている三平方の定理を用いて，さしがねの原理について説明することは困難であった。三平方の定理を見いだし，三角形の高さを求めたり，直方体の対角線を求めたりするような活動を事前に行う必要があるのではないか。

② 　円周角の定理の逆を想起できなかったことについて

　本実践では，丸太の切断面の図として真円に近いものを与えてしまったために，無意識に円であるとみなし，円周角の定理の逆を用いて円の直径を見つける考えを引き出すことができなかったと考える。仮定を意識化させることが重要であることを再認識した。

〔引用・参考文献〕
藤井斉亮，俣野博ほか 38 名（2018）．新編　新しい数学 3．東京書籍.
国立教育政策研究所教育課程研究センター（2010）．平成 22 年度　全国学力・学習
　　状況調査　解説資料　中学校数学. https://www.nier.go.jp/10chousa/10kaisetsu_
　　chuu_suugaku.pdf（2020 年 10 月 30 日最終確認）
国立教育政策研究所教育課程研究センター（2014）．平成 26 年度　全国学力・学習
　　状況調査　解説資料　中学校数学. https://www.nier.go.jp/14chousa/pdf/14kaisetsu_
　　chuu_suugaku.pdf（2020 年 10 月 30 日最終確認）
文部科学省（2018）．中学校学習指導要領（平成 29 年度 7 月告示）解説数学編．日
　　本文教出版.
岡本和夫，森杉馨，佐々木武，根本博ほか 44 名（2015）．未来へひろがる数学 3.
　　新興出版啓林館.

任意の四角形に塩を積もらせた ときの稜線に関する教材の分析

－現象から数学的問いを見いだす活動を軸に－

峰野 宏祐

1 はじめに

　平成 29 年告示の学習指導要領解説より「算数・数学の学習過程のイメージ（図1）」が示されたように，現実の事象を数学化し，問題解決していくような活動の一層の充実が求められている。太田（2010）では，「地震の震央・震源

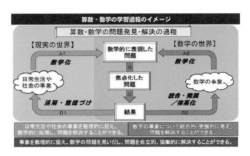

図1　算数・数学の学習過程のイメージ

を求める問題」，すなわち現実場面の問題から「三角錐の頂点から底面への垂線の足の求め方」を中心に，数学の世界を広げることをねらった教材を開発している。事象を幾何的に捉える題材において，問題解決過程をサイクリックに捉え，現実世界の問題解決にとどまらず，数学の世界をも広げている点でその意義は大きく，今後もそういった教材の開発が求められるであろう（他にも松元（2000）等が挙げられる）。

　そこで本稿では，現実の事象を幾何的に捉え数学化し，問題解決していく題材として，「任意の四角形に塩を積もらせたときにできる稜線」の数学的モデルとして，その土台となる四角形の各辺から等距離にある点の集まりが得られることを示すとともに，この題材の授業での扱い方や数学教育的価値を示すことを目的とする。

　研究の方法として，太田（2010）は，島田（1977）の数学的活動の枠組みをもとに，問題解決過程の分析を行っており，これは学校種を限定せず中学校，高等学校さらには大学の教員養成課程など様々な場面で

の教材の扱いを広く検討できる点で有用であると考える。そこで本稿においても，以下の手順で問題解決過程を検討し，その数学教育的価値について考察するものとする。

① 塩を積もらせたときにできる稜線の基本的性質を探求する
　（現実場面の問題を数学の世界に持ち込む活動）
② 任意の四角形に塩を積もらせたときにできる稜線について検討する
　（数学の問題を解決する活動，および問題解決過程や解決結果の検討から数学の世界を豊かにしていく活動）
③ 実際に積もらせた形と照らし合わせる（解の妥当性を検証する活動）
④ 以上の活動を踏まえ，その数学教育的価値について考察する

2　塩を積もらせたときにできる稜線の基本的性質を探求する

⑴ 「塩の幾何学」とは

　本稿で扱う題材は「塩の幾何学」と呼ばれ，ある図形の土台の上に塩を積もらせたときにできる稜線の形を，真上から投影し観察する教材である。そのいくつかの例については，過去にも黒田（2000）や峰野（2010）等により実践が行われている。

⑵ 三角形を土台にしたときにできる立体の考察（基本的性質）

　例として，三角形を土台にした場合を考える。三角形を土台にして塩を積もらせていったときにできる立体は図2のような三角錐になる。この三角錐の高さは積もらせる塩の摩擦によって変わる。ここで，真上から投影したときに，三角錐の母線（稜線）が，底面に対しどのよう描かれるかを

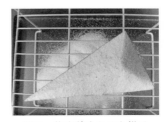

図2　塩を積もらせた様子

137

考える。

　塩がある程度積もっていったとき，塩は重力によって近い方のふちに向かって落ちていくことになる。図3のように，例えば点Pに落ちた塩はふちになる直線AG，DGに対し垂直に落ちていくことになるが，$PH_1 < PH_2$のため，H_1に向かって落ちていくことになる。すると塩がより多く積もっていくのは点P'のように，ふちとなる直線までの距離が等しいところになる。直線から等距離にある点の集まりが稜線となり，それはすなわち2本のふちとなる直線でできる角の二等分線になることがわかる。

　ゆえに三角錐の頂点は，各辺から等距離にある点，すなわち土台の三角形の内心の上にあることがわかる。このとき，内心が三角形の内部にあることと，三角錐が必ずできることが対応している。

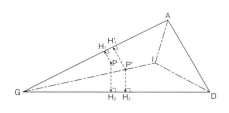

図3　塩の積もり方を図形的に表す

3　任意の四角形に塩を積もらせたときにできる稜線について検討する

(1)　四角形の場合についての予想

　条件を変えて，同様に土台が四角形の場合はどのような稜線が描かれるだろうか。稜線が「角の二等分線」として描かれることを踏まえると，四角形においては必ずしも4つの頂点から出る角の二等分線が1点で交わらない（図4）

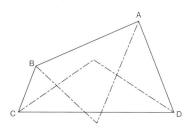

図4　角の二等分線が1点で交わらない

ことから，錐体になるとは限らないことが予想される。このことから，以下のような2つの数学的な問いが想起される。

〔問い1〕角の二等分線が1点で交わる四角形はどのような四角形か

〔問い2〕角の二等分線が1点で交わらない四角形の稜線はどのようになるか

　以下，それぞれについて考察を行う。

(2) 角の二等分線が1点で交わる四角形はどのような四角形か

　各頂点から出る4本の角の二等分線が1点で交わるような四角形を作図するならば，内接円を先に描き，それに接する直線によって作図していくことが考えられる。この四角形がどのような四角形かを考えるとき，頂点から出る2つの接線に着目すると，2つの接線の接点までの長さは等しいことから，図5の定理との関連が見いだされる。

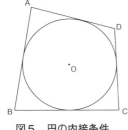

図5　円の内接条件

AB+CD＝AD+BC

（向かい合う辺の長さの和が等しい）

⇔　四角形 ABCD に円 O が内接する

（証明略）

　この条件を見いだす契機としての扱いが考えられる。必要十分条件であることを示すには高等学校以上での考察が必要であるが，帰納的な説明であれば，竹ひご等を使って，図6のように四角形をつくり，角の二等分線を作図することによって帰納的には検証は可能であり，これは中学校でも十分に扱うことができる。

(3) 角の二等分線が1点で交わらない四角形の稜線はどのようになるか

　例として，向かい合う辺の長さの和が等しくない，図7のような四角

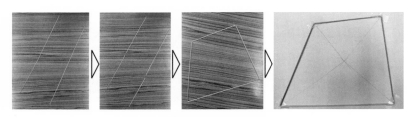

図6　竹ひごを使った，操作と作図による帰納的な検証

形の稜線について考える。

　各頂点から角の二等分線を引くと，4つの交点ができる。このとき，図のようにはじめにぶつかった交点同士を結んだ直線 HI が稜線になることが予想できるが，それがどのような直線であるのか考察する。

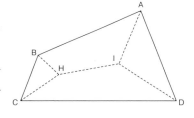

図7　向かい合う辺の長さの和が等しくない四角形

① **線分 HI の図形的意味**

　塩が積もる基本的性質と照らし合わせれば，線分 HI 上の点は，辺 AB，辺 CD との距離が等しくなればよいはずである。辺 AB と辺 CD をそれぞれ B,C 方向に延長し，その交点を G とする（図

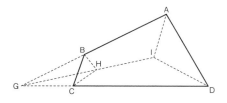

図8　辺 AB,CD を延長して三角形をつくる

8）。このとき，直線 HG が角 AGD を二等分し，さらに直線 IG が同じく角 AGD を二等分すれば，角 AGD を二等分する直線は一意に定まるので，点 G,H,I は同一直線上にあり，角 AGD の角の二等分線になる。以下，そのことを示す。

点 H から辺 AB,BC,CD に垂線を下し，垂線の足を H_1,H_2,H_3 とする。

直角三角形 GHH_1 と GHH_3 において，

直線 BH は角 ABC の二等分線なので，$HH_1 = HH_2 \cdots$①

直線 CH は角 BCD の二等分線なので，$HH_2 = HH_3 \cdots$②

①，②より，$HH_1 = HH_3 \cdots$③

$\qquad\qquad$ GH は共通 $\cdots$④

③，④より，直角三角形の斜辺と他の一辺が等しいので

$\triangle GHH_1 \equiv \triangle GHH_3$

よって対応する角は等しいので，

$\angle HGH_1 = \angle HGH_3$

より，GH は角 AGD を二等分する。 $\cdots$⑤

同様に，点 I から辺 AB,BC,CD に垂線を下ろし，垂線の足を I_1,I_2,I_3 とすると，

$\qquad \triangle GII_1 \equiv \triangle GII_3$

よって対応する角は等しいので，$\angle IGI_1 = \angle IGI_3$ より，GI は角 AGD を二等分する。 $\cdots$⑥

⑤，⑥より角 AGD の二等分線は一意に定まるので，点 G,H,I は同一直線上にあり，その直線は角 AGD の角の二等分線になる。

（証明終わり）

②　なぜ線分 QR にならないのか

以上より直線 HI 上の点は辺 AB,CD との距離が等しいことがわかる。よって先にかいた線が稜線になることが予想できるが，図9のように，線分 QR も HI と同様に角の二等分線の交点を結んだ線分であり，辺 AD と辺 BC を

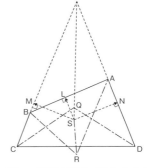

図9　稜線が線分 QR にならないことの説明

点A,B方向に延長して，その交点Pから角の二等分線を引けば，内角の二等分線の交点と交わることが示せるが，こちらが稜線になることはないのかについて考察する。

　例えば線分QR上で，直線IHよりも上側にある点Sをとる。点Sから辺AB,BC,ADに垂直な線分を下ろし，その足をL,M,Nとする。このとき，図9では明らかにSL≦SM=SNである。すると，塩は一番近い辺の方から落ちることから，点Sに落ちた塩は点Lの方に落ちていくため，そこには稜線ができないことがわかる。すなわち，稜線が線分HIになるか線分QRになるかについては，上と同様に2つの直線上に点Sをとり，点Sが必ずSL≧SM＝SNを満たす方の線分になることがわかる。

③　**追記**

　なお，AB//CD（AD//BC）のときは外側に三角形はできないが，そのときにHIが，AB，CDまでの距離が等しい直線になることは自明である。テクノロジを用いて，その様子を動的に観察する指導も考えられる。

　また，図10のように，△BCGから見ると，点Hは傍心であり，点Iは△ADGの内心である。

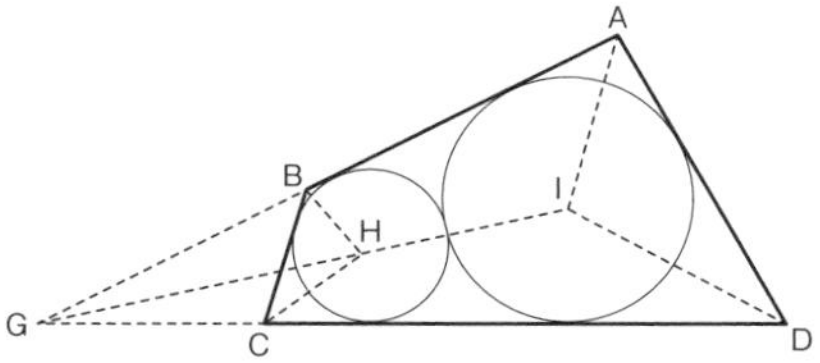

図10　傍心，内心

4　実際に積もらせた形と照らし合わせる

　ここまでの考察は数学の世界に閉じたものであったが，実際に塩を積もらせたときにそのような稜線を描くかを検証することは，生徒にとって数学の有用性を感じる重要な一場面になるだろう。〔問

図11　塩を積もらせた様子

い 1〕の検証については積もらせれば 1 点で交わる様子が観察できる。
〔問い 2〕の四角形に塩を積もらせてみると，図 11 のようになる。これ
が果たして先に述べたような稜線を描いているかどうかについては，テ
クノロジの活用が 1 つの有効な手段になる。インターネット上で動かせ
るソフト「ClassPad.net」を利用して図形上に写真を合成した様子が図
12 の通りである。このように，先に挙げた通りの稜線を描いているこ
とがわかる。

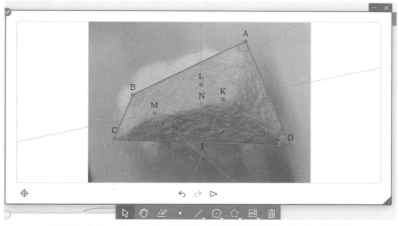

図 12　「ClassPad.net」を利用して図形上に写真を合成した様子

　さらに，稜線の直線 HI 上の点は辺 AB,CD との距離が等しいことにつ
いては，図 13 のような操作を通しても見いだされる。図 8 でいう△
BCG にあたる部分を付
け足しておき，塩を積も
らせる。そして△ BCG
をどかすことで，稜線
HI を保ったまま新たに
2 本 の 角 の 二 等 分 線

**図 13　稜線の直線 HI 上の点は辺 AB,CD との距離が
等しいことの実験による説明**

BH，CH が付け加わる様子が観察される。

5　考察

　以上のような活動が，中学校，高等学校さらには大学の教員養成課程など様々な場面で，教材としてどのような価値を持ちうるかについて考察する。

①　現象から作図の題材を学ぶ意義を見いだす教材として

　現行の中学校教科書においては，角の二等分線は作図の題材の1つとして扱われる。また，平成29年告示の中学校学習指導要領解説数学編においては「平面図形の対称性に着目することで見通しをもって作図し，作図方法を具体的な場面で活用する。こうした学習を通して，平面図形の性質や関係を直観的に捉え論理的に考察する力を養う」とある。すなわち作図することを目的とした活動の中での一題材に過ぎない。このとき，角の二等分線そのものを学ぶ価値をどこに見いださせるかが1つ問題になりうる。1つの見方として「物理現象として現れること」を切り口に，それがどのような直線かを考えていくことで，角の二等分線を導入していく指導が考えられる。また内心や，定義の意味が理解しづらい傍心についても，高等学校において同様の扱いが考えられる。その意義や図形的な美しさを感得させる題材として位置付けることが考えられる。

②　現象や操作から数学的問いを見いだす教材として

　「現象」を契機に，先に挙げたような数学的な問いをどのように見いだすかを経験する場面としての価値である。今回は2つの問いを場合分けして見いだした。仮に解決に至らなかったとしても，このように問いを整理して，残しておくような活動は，生徒が以後学び進めていく際の原動力となりうる。

　2つ目は，三角形の内心の発展としての扱えることである。前者の点

を踏まえると，中学校で問いを「見いだすこと」まで扱い，その証明を含めた発見を高校で行うなど，連続した問題解決として取り上げることも考えられる。また，外的な操作活動と関連付けて数学を考えていく題材としての意義も見いだすことができる。

③　**検証可能な現実場面の教材として**

　数学的モデルを扱う題材においては，検証可能なものもあれば，そうでないものも存在するため，数学の世界の中で検討したことが，現実の事象として現れるのか，実際に検証することができる部分は，数学の有用性の感得につながる重要な部分である。先に挙げたように，テクノロジと併用して扱うことが有用であろう。

6　おわりに

　本稿の目的は，任意の四角形に塩を積もらせたときにできる稜線の数学的モデルとして，その土台となる四角形の各辺から等距離にある点の集まりが得られることを示すとともに，この問題の授業での扱い方や数学教育的価値を示すことにあった。

　先の考察から，中・高等学校における平面図形の指導の中で，3つの意義を持って包含しうることが見いだされた。その中でも共通して言える価値として，現象の中に数学的な構造が，数学的な問いが内在しており，現象と数学を往還しながら連続的な問いとして扱っていくことが可能であることが指摘できる。中学生や高校生，並びに教員養成課程の大学生をも視野に入れた授業実践を通して，その有効性と課題を見いだすことを，今後の課題とする。

〔謝辞〕

　太田先生には，私が東京学芸大学附属中学校教員として赴任して以後，公開研究会での指導助言をはじめ様々な場面でお世話になりました

が，それ以前に大学院生時代に読ませていただいた「震源の問題」の研究に強く影響を受けたのを覚えております。本論文はそのときに学ばせていただいたことを参考に，教材の分析を行わせていただきました。この場を借りまして，深く感謝申し上げます。

〔引用・参考文献〕
黒田俊郎（2000）．塩が教える幾何学．横山正道編集・発行.
松元新一郎（2000）．数学的モデルをつくることを通して数学の世界をひろげていく活動—全身が映る鏡の大きさを考える—．日本数学教育学会誌82（1），10-17.
峰野宏祐（2010）．現象の仕組みをとらえ拡げる活動に焦点を当てた教材開発〜「塩の幾何学」を題材に〜．第43回数学教育論文発表会論文集（第2巻），555-560.
文部科学省（2018）．中学校学習指導要領（平成29年告示）解説数学編．日本文教出版.
太田伸也（2010）．地震の震央・震源を求める問題から空間図形の問題へ—「三角錐の頂点から底面への垂線の足の求め方」を中心に—．日本数学教育学会誌，92（3），2-9.
島田茂編（1977）．算数・数学科のオープンエンドアプローチ—授業改善への新しい提案—．みずうみ書房.
ClassPad.net　https://classpad.net/landing（2020年12月25日最終確認）

授業実践「バーコードの仕組みを探ってみよう」

新岡 雄大

1　はじめに

　本校は1学年2クラスの小規模の学校であり，2年生に進級するときに就職クラスと進学クラスに分かれる。今回授業を行った第3学年進学クラスでは学校設定科目として「M.B.I.（Mathematics Becomes Interesting）探究と実践」を5単位実施しており，数学に興味を持たせその有用性について理解させることが目的の一つである。そこでバーコードの仕組みを教材として取り上げ授業を行った。

2　授業の実際

(1)　授業について

　普段は習熟度による展開授業であるが，今回は研究授業をすると事前にクラスの生徒に伝え，全員を対象に一つの教室で実施した。なお，授業を行ったクラスは筆者が担任をしているクラスである。

(2)　授業の記録

①　1時間目　《平成29年5月25日（木）3校時》

　（あらかじめ5人または6人のグループを6班作り授業に入った）

　まずバーコードを一つ画面に提示した。知っているか問いかけると，「バーコード」とすぐ答えた。どこで見たことがあるか聞くと，店で売っているものについているという返答があった。ただ，仕組みについて詳しく調べたことがある生徒はいないようであった。

　今日の授業のテーマはバーコードの解読であることを伝えた。こうしたコードは本や雑誌，宅配の伝票にもついているが，比較的よく目にするJANコードについて調べてみることを補足した。

【課題1】バーコードの特徴を調べよう

　バーコードが書かれたプリントを配付（図1参照）。班で相談しながらでいいので，「事実として言えること・気づいたこと」（明らかなことの積み重ねでよい），「バーコードの仕組みで予想したこと・推測したこと」「疑問に思っていたこと」を書くように指示した。10分程度様子を見て，各班に発表させた。

日本　　　　東ハト　　　ハーベストチョコメリゼ
　　　　　　　　　　　　　　　　ダブルチョコ

図1　【課題1】用プリントの一部

（生徒の発表内容　順不同）
　　○数字が13個ある。　　○最初の数字が線の外に書かれている。
　　○メーカーが同じならば4の次の6桁が同じ番号。
　　○国によって最初の数が違う（日本は4，フランスが3）。
　　○棒の太さが違う。4種類ある。　　○0の上のバーが太い。
　　○490で始まるものが多い。451で始まるものもある。
　　○両端とセンターのバーが二重線になっている。しかも長い。
　　○線が30本ある（2，12，2，12，2）。
　これらから考えられる仕組みは何か考えさせたところ，「前半が会社を表す」「長いバーを除くと，2本のバーで一つの数字を表す」という発言があった。外の数字はどうやって表しているのだろうね，と問いかけたが予想通りすぐには出てこなかったので保留とし，バーコードの説明に移った。モニター画面に提示し，ガードバー，センターバー，国コード（国によって違う，日本は49〜か45〜），企業コード，アイテムコード（商品によって違う），チェックデジット（ここでは呼び名のみ）について解説した。拡大図を用いてモジュールとキャラクタについ

148

て説明し，コード作成のルールを解説した（下記箇条書きおよび図2参照）。

　　○1キャラクタで一つの数字を表す。

　　○1キャラクタに黒のバーと白のバーが2本ずつ含まれる。

　　○バーの太さは黒白ともに1〜4モジュールとする。

　　○右半分のキャラクタでは，左端が必ず黒，右端が必ず白。

　　○左半分のキャラクタでは，左端が必ず白，右端が必ず黒。

図2　バーコードの仕組み

以上のルールでコードを作った場合，何種類できるか予想させた。

　　○1班　　　　49　　　　理由：センス

　　○2班　　　　10　　　　理由：数字は0〜9の10個あるから

　　○3班　　　　20　　　　理由：特になし

○ 4 班 　　　　10　　　　理由：数字は 0〜9 の 10 個あるから

○ 5 班 　　　　120　　　理由：適当

○ 6 班 　　　　35　　　　理由：特になし

【課題 2】コードは何パターン作ることができるか調べてみよう

　　プリントを配付し，数え漏らしを避けるため一番左のモジュールは必ず黒として作業を始めさせた。机間巡視をしていると，「左端の太さは1」と誤解した生徒もいたので，「左端が黒でさえあれば，太さは 1〜4 の 4 種類使ってよい」ことを伝えた。ここでチャイムとなったので，10 分間の休憩としたが，作業を続ける生徒も多かった。

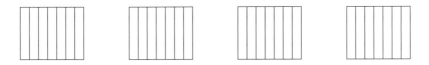

図 3 　【課題 2】用プリントの一部

② 　2 時間目 　《平成 29 年 5 月 25 日（木）4 校時》

　　作業をしているうちに，「20 個ではないか」という声も上がり始めた。各班で協力・検証しながら進め，いずれも 20 個という結論に達した。この検証作業の様子を見ると，コードの表現の仕方に特徴があった。例えば 0 を表すコードを，「黒黒黒白白黒白」というところもあれば，「3，2，1，1」と表現する生徒もいた。徐々に後者の表現をする生徒が多くなっていった印象である。それぞれ過不足なく調べ上げることができたようである。

【課題 3】コードと数字を対応させてみよう

　　配付したバーコードと手元にあるコードを比べ，コードと数字を対応

させるように指示した。このとき，注意点として以下のことを確認した。

○バーの太さは４種類。太さ１の基準はガードバーの太さ。

○右半分のコードは左端が黒になるように（自作のコードと同じ向き），左半分のコードは右端が黒になるように（自作のコードとは上下逆）作られている。

一つの数字に対応するコードが２種類あることに気づく生徒が各班１〜２名いた。さらに，それら２種類のコード同士の関係に気づいた生徒が２名（同じ班の隣の席）おり，「他の数字のコードもそうですよね？」と授業者に確認してきたため，作業の途中で全体に向けて発表させた。すると「おおー」「すごい，本当だ」と感心する声が上がった。この事実がわかってから作業ペースが格段に上がった。この点は【課題４】として扱うつもりであったが，先に生徒が気づいてくれた形となった。ただ，それでも全体としては予想よりも大分時間がかかった。原因としてはいくつか考えられる。

○左右のキャラクタでコードの上下が異なるため，混乱しやすい。

○配付したバーコードは印刷であるため，太さの区別がつきにくい。

○同じ理由で，バーとバーの間隔がわかりにくい。

○一つの数字に対応するコードが２つある。

○奇数コードが使われているところが少ないため見つかりにくい。

○バーコードは実物に近い大きさであるため，目が疲れる。

○作業が続いているので，集中力が切れてきた。

○１か所「４」のコードの間違いがあった（生徒により発見された）。

③　３時間目　《平成 29 年 5 月 26 日（金）5 校時》

コードと数字を対応させる作業は各班とも終わっていたようであったため，全体で確認することにした。

20 種のコードを A4 用紙にプリントしておき，各班に 3〜4 枚ずつラ

ンダムに配付した。黒板に 0〜9 の数字を書いておき，対応するコード
を磁石で貼ってくるように指示した。上下の指示まではしなかったが，
全員左が黒になるように貼っていた。全くプリントが貼られていない数
字や，一つの数字に 5 枚もプリントが貼られているところ（おそらく原
因の一つは，最初の授業で配付したバーコードにミスがあったためであ
る）があったので，全体に問いかけたり貼り直しをさせたりして正しい
対応表を黒板に完成させた。ここでも前時に生徒が発見した偶数コード
と奇数コードの関係が効果的に働いた。手元の対応表が間違っていた生
徒はここで修正させた。

　授業者はここで「これらのコードはある特徴により 2 つのグループに
分けることができます」と宣言し，左縦 1 列に奇数コード，右 1 列に
偶数コードが並ぶように貼り直した。そこでこれらを区別する共通の特
徴は何かと全体に問いかけた。それほど時間がかからずに一人の生徒が
「左側は黒の部分が 3 か 5，右側は 2 か 4」ということに気づいた。周
りからは納得するような声が上がった。事前に生徒が発見した性質を全
体で共有していたこともあり，自然に受け入れられたようである。

　ここで授業者はそれぞれ奇数（odd）コードと偶数（even）コードと
呼ぶこと，バーコードの右側はすべて偶数コードであること，奇数コー
ドはバーコードの左側にのみ使われていることを伝えた。また，「奇数
コードは左側でしか使われないのだから……」と言いながら，黒板の奇
数コードの上下をすべて逆にして貼り直した。「使われるとしたらこの
形でバーコードに含まれていることになります」と確認した。

【課題 5】コードを読んでみよう

　各班に数字の入っていないバーコードを配付し，最初の桁を除く 12
桁の解読をさせた（図 4 参照）。

※A4サイズを封筒に入れ，
　各班に2枚ずつ配付した。

5											

図4　【課題5】用プリント

　通常ガードバーとセンターバーは長くなっているが，ここではすべて同じ長さのバーコードを配付した。まずガードバーとセンターバーを区別し，両サイドから解読を始める班が多かった。大抵は向かい合う生徒の間にバーコードを置き，自分の解読表の向きを合わせて読み取っていた。早い班は6〜7分，遅い班は10数分かかっていた。各班の解答を黒板に貼り，解答は3桁ずつ行ったが，そのたび歓声が沸き上がった。生徒なりに楽しんでいたようである。解答および優勝チームの決定後，「上下の区別はどうやってつけたのか？」と問いかけた。少なくとも正解した班はわかっていると思っていたが，期待していたような明確な根拠は出てこなかった。そこでセルフレジを使ったことがあるか聞くと10名程度が手を挙げた。バーコードの向きを気にしたことがあるか聞くと，そこまで考えなくても読んでくれる，と答えた。ここで，奇数コードは左側にしか使われてないよね？と言うと数名は気づいた様子であり，奇数コードを使うことで上下を判定していることを確認した。

　ここで時間になったため，コードの外の数字はどのように表しているのかについては授業者の簡単な説明で終わってしまった。本来の予定であればここで海外のバーコードを配付し，奇数コードがどこに使われているか調べさせる【課題6】つもりであったが，その活動はさせること

ができなかった。また，チェックデジットの計算方法【課題7】についても触れることができなかった。最後にまとめと感想のプリントを記入して後で提出するようにと指示して授業を閉じた。

3 授業を終えて

生徒の感想を以下に挙げる。

○難しくできているように思っていた身近なバーコードがどんなふうに作られているのか知ることができて面白かった。バーコードはすごく精密に作られているのがわかった。

○普段何気なく見ているバーコードでも，特定の見方や法則があったのを全く知らなかったのでとても良い勉強になりました。

○いろんなことを自分たちで気づけて学べて楽しかったです。線と数字の組み合わせが決まっていたのは予想がついていましたが，左と右の組み合わせが数字同士で逆になっているのは驚きました（偶数コードと奇数コードの関係と思われる）。

○数学といっても，内容はバーコードについてだったので，違う角度から数学を学べて面白かったです。楽しいながらもしっかり頭を使い，今回の授業は個人的にとても満足です。

○バーコードを見すぎて目がおかしくなりましたが，あまり難しい式とか使わなくても数学っぽいことができて面白かったです。身近に

あるもので数学が使われていると聞くと，他にも何かあるのかとても気になったし，これからの数学も楽しくなっていくと思います。自分で考えたものの答えが正しかったときはとてもうれしかったです。

○バーコードの数字を読めても私は商品を識別できないからそこまで興味はわかなかった。現実にもっとある自分が日常のことで体感できるものだったらもっと興味がわくと思う。でも色塗りは楽しかった。

○小さいときにバーコードを不思議に思って書いたり足したりしたけど全然わからなくてあきらめました。それが今回授業で取り上げられ，線を描いたり実際のバーコードから探したりしてとても楽しかったです。いろいろなものが数学的なのだなとわかりました。そう考えると少し怖いけど調べるのはとても楽しかったです。また今回みたいなのをしたいです。

　全体的に好意的な感想が多かった。これは作業の目的がわかりやすかったことや，多少わからなくてもグループでの活動のため協力しながら進められたことがあったためと思われる。また，教材について潜在的な興味が比較的高かった様子がうかがえた。何か仕組みがあることは薄々感じていたものの，そこで立ち止まっていた生徒が多かったようである。しかし今回授業が進むにつれて少しずつ明らかになっていき，仕組みを理解しながら最後にはコードを読める段階まで進めたことが達成感にもつながったようである。合わせて，バーコードが非常によく作られていることを感じてくれた生徒も思ったより多かった。偶数コードと奇数コードの関係に気づき，それを聞いて全体がその通りだと納得した場面に代表されるように，生徒が自分たちで調べ，気づいたことを共有するという場面が多かったためではないかと思われる。感想の中に，「違う角度から数学を学べて面白かった」「難しい式とか使わなくても数

学っぽいことができて面白かった」「いろいろなものが数学的なのだなとわかりました」というものがあった。今回の授業は数式が全く登場せず，数学らしい言葉といってもせいぜい偶数コード，奇数コード程度のものであった。そのため，普段の授業と比べると表面上は極めて数学色が薄いものであったと考えていた。けれども一部の生徒は「バーコードが数学的によくできている」と捉えており，数学の有用性に気づかせるという目標をそれなりに達成することができたようである。

　バーコードを題材にすると他にもいろいろな展開が考えられる。例えば，7モジュールで何通りのコードを作ることができるかを組み合わせの考え方で計算させたり，整数の問題に帰着させて調べさせたりすることができる。授業では扱うことができなかったが，奇数コードの使用箇所によってバーコードの外の数字を表している。その使用箇所はセンターバーに近い側5か所のうちの3か所のみであり，これも合理的な理由が推察できる。また，チェックデジットの算出には割り算の余りや九去法が使われるが，これも今回触れることができず残念であった。

　今回の授業実践によって改善や工夫の余地がまだまだあることがわかったので，今後も検討を重ね次の機会に生かしていきたい。

〔参考〕
西山豊著（2008）．数学を楽しむ．現代数学社.
一般財団法人流通システム開発センター
　https://www.dsri.jp/standard/barcode/（2020.8.27 最終確認）
株式会社キーエンス　バーコード講座
　https://www.keyence.co.jp/ss/products/autoid/codereader/（2020.8.27 最終確認）
東京書籍「バーコードを解明しよう」
　https://ten.tokyo-shoseki.co.jp/detail/10058/
　https://ten.tokyo-shoseki.co.jp/detail/10059/（2020.8.27 最終確認）

「拡張による統合」の指導に関する一考察
―指数の拡張を主たる内容として―

小林 廉

1 はじめに

　高等学校の数学Ⅱで扱われる指数の拡張は，「拡張による統合」（中島，1981，p.128）という，実に数学らしい考え方を指導できる貴重な機会である。そこでは，指数法則という形式（構造）が保存されるように指数が整数，有理数の場合を定義するという，「数学にふさわしい創造的な活動」（同，p.51）の実現を期待できる。ただしそれは，指数の拡張において「拡張による統合」という考え方を自覚的に働かせてこそ可能になる。そしてそのためには，指数の拡張より前に「拡張による統合」の考え方を経験しておく必要がある。本稿の目的は，「拡張による統合」の考え方で指数を拡張する活動を実現するにあたって，「これまでの拡張の経験を振り返り，そこでの考え方を明確にし，それを働かせていく」実践における生徒の実態の一端を明らかにするとともに，その有効性と課題を示すことである。そのための方法として，該当する授業3時間の分析を行う。収集したデータは，授業のビデオデータ，生徒のワークシートおよび振り返りである。実践対象者は都内国立大学附属中等教育学校4年生（高1）2クラス分であり，今回の分析は1クラス分29名を中心に行う。

2 拡張に関する過去の経験

　実践対象の生徒たちには1年生（中1）から拡張の経験を意図的に持たせてきている。具体的には，ⅰ）正の整数の乗法から負の整数の乗法へ（1年），ⅱ）鋭角の三角比から $0° \leqq \theta \leqq 180°$ の三角比へ（3年），ⅲ）実数から複素数へ（4年）である。以下，その扱いについて簡潔に述べる。

ｉに関しては，九九表の拡張（杉山，2009）の実践を行い，「正の整数での九九表における規則性をそのまま保とうとすると負の整数を含む九九表はこうなる」という扱い方をした。また，「正の整数のときに成り立っていた分配法則が負の整数のときもそのまま成り立つようにすると $(-1)\times(-1)=+1$ となる」ことも扱った（この趣旨の活動を自発的に行っている生徒がいたので扱うことができた）。

ⅱに関しては，まずは鋭角の場合で正弦定理と余弦定理まで扱い，「正弦定理と余弦定理が直角・鈍角の場合もそのまま成り立つようにすると三角比の値はこうなる」という扱いをしたうえで，それは鋭角の場合の定義では対応できないことから単位円上の座標を用いて定義する（と鋭角の場合もこれまで通り定義できる）という扱い方をした。

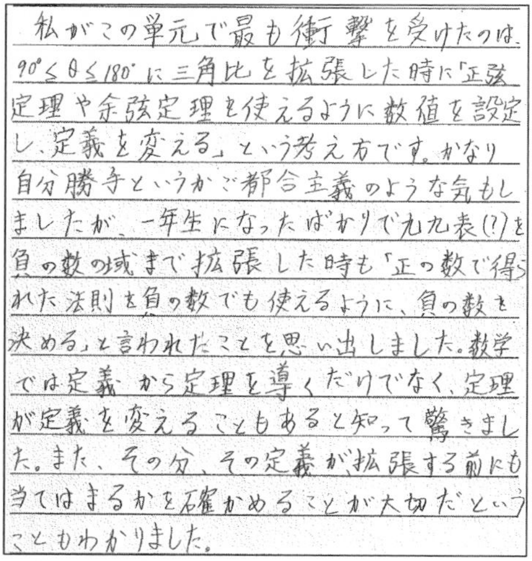
私がこの単元で最も衝撃を受けたのは、
90°≦θ≦180°に三角比を拡張した時に「正弦
定理や余弦定理を使えるように数値を設定
し、定義を変える」という考え方です。かなり
自分勝手というかご都合主義のような気もし
ましたが、一年生になったばかりで九九表(?)を
負の数の域まで拡張した時も「正の数で得ら
れた法則を負の数でも使えるように、負の数を
決める」と言われたことを思い出しました。数学
では定義から定理を導くだけでなく、定理
が定義を変えることもあると知って驚きまし
た。また、その分、その定義が拡張する前にも
当てはまるかを確かめることが大切だという
こともわかりました。

図１　生徒 YA の３年当時の振り返り

ここでは「拡張」という言葉も明示した。このとき，学年で唯一，生徒 YA のみが，ｉの九九表の拡張と結び付けた学習感想を記した（図1）。図１を授業で共有し，九九表のときと同じ考え方をしていることを明示的に扱った。

ⅲに関しては，これまでに数を用いてできたことを振り返らせることから始め，これまでの数の集合でできたことが新たな「数」の集合でもできれば，その「数」を数とみなしていくという扱い方（杉山，2009）をした。これは，規則性や法則が保たれるように拡張していくｉ，ⅱの

実践とは異なるが，今回の実践と同じ年度の前学期に扱っており，「拡張」という言葉も明確に扱っているため，生徒に拡張の経験を問うたときには必ず出てくる内容であると想定した。

3　実践の概要と生徒の実態

⑴　第1時の問題提示と自力解決の様相

　本実践以前には，指数の拡張を必要とする場面に直面させるにあたって，時間を変数 x とする現象（細菌の増殖）の探究に取り組ませている[※1]。そこでは現象に即した形で指数の拡張を直観的に扱っており，生徒たちは整数乗や有理数乗の定義を一応知っている状態である。本実践は，その一連の授業を振り返り，連続的な変化を $y=2^x$ という1つの式で表したければ，x が整数の場合や有理数，さらには実数の場合（具体的には 2^0 や 2^{-1}，$2^{\frac{1}{2}}$，$2^{\sqrt{2}}$ を挙げた）の意味が問題になると確認することから始めた。その上で，先の授業では現象に即して考えていったが，ここからは数学として定義していくことを問題とした。そしてこれは指数が属する数の集合を拡張していることを確認したうえで，「今までの『拡張』の経験を挙げて，そのときどんな発想で『拡張』してきたかを書いてみよう」と問うた。以下に生徒の反応の実態を2点挙げる。

　第1に，人数に着目すると，何らかの形で先のⅰを挙げた生徒は29名中10名，ⅱを挙げた生徒は5名，ⅲを挙げた生徒が22名いる。それとは別に，実数（平方根数）への拡張を挙げている生徒が12名いる。予想通り，ⅲを挙げた生徒が多い。また，ⅲを挙げている生徒が，実数への拡張やⅰについても挙げている傾向がみられる。なお，実数への拡張はⅲの実践時に振り返っている。「拡張」と聞けば，記憶の新しいⅲにかなり影響されていると考えられる。

　第2に，拡張する際の考え方についてどう捉えているかであるが，多くの生徒が，考え方ではなく，拡張が必要になった動機の方を挙げてい

る。iiiでいえば,「より狭い数の集合でできたことができるなら新たな数としてみなしていく」という考え方ではなく,「2次方程式が常に解を持つようにする」方を挙げている。iiにおいては,そもそも考え方を記している生徒が3名しかおらず,図1を記していたYAのみが,後述するように,適切な考え方を記述した。

(2) 第1時の比較検討の様相

比較検討は意図的指名によって進めた。最初に話題としたのは,生徒の反応において最も多かったiiiである。紙幅の都合上,プロトコルは割愛するが,図1を記していた生徒YAが「実数でできることが複素数でもできるか(と考えた)」と発言した。この後の比較検討もYA中心に進むことになる。次に話題としたのはiiである。

表1 授業プロトコル①

T:	違う分野でいくとですね,えっとNA,NA(中略)
S(NA):	三角比の,鈍角への拡張
S:	あー懐かしい
T:	具体的にわかりますか何が問題になったって
S:	sin90°以上になるとなんか値が変わる
T:	何だ値が変わるって
S:	(直角)三角形ができなくなる
	中略
T:	そうそう。(鈍角の場合の定義を振り返ってから)だからcos150°は負になることがわかるんですけど,元々cos150°が負になるきっかけってどうやって出てきたか覚えてますかね?どうやってあのとき
S(YA):	余弦定理
T:	出た,お願いします
S(YA):	余弦定理に代入したら負の数になっちゃった

iiの拡張の考え方について自発的な発言をしたのが生徒YAである。YAは自力解決で「$90° \leqq \theta \leqq 180°$の場合を考えたときは$0° \leqq \theta \leqq 90°$のときに成り立った余弦定理,正弦定理が成り立つように定義した」と記述していた。

最後に i を話題とし，ここでは意図的に YA を指名した。

表2　授業プロトコル②

T:	KS，なんか書いてなかったっけ？
S(KS):	九九表
T:	うん，これ九九表の，九九表で実は拡張したことがある。（中略）そうそう。もっかい言って
S:	マイナスかけるマイナス…
T:	そうそう，マイナスかけるマイナス，これを定義したいときに，これ，大きく言うと。（負の整数まで拡張した九九表を提示）あのときやったのは，YA どういうことですか
S(YA):	えーなんか，例えばそこ（九九表）の右上だったら，2の段は，上にいくごとに2ずつ減るから，さらにそこを上にいくと2ずつ減らしていくと−2，−4になるから正かける負はマイナス

以上の振り返りを経て，拡張していくときの考え方について問うたところ，生徒から以下のような意見が出された。

表3　授業プロトコル③

T:	だからこれ，長々振り返ってきましたけど，他の分野でも同じような発想はやってきているということです。どういう発想ですかこれ。ひっくるめて言うと。何て言ったらいいですかね。拡張していくときは
S(JS):	いまの範囲の規則性は何かで
T:	お，いまの範囲の規則性は何かで
S(JS):	それを，成り立たせるためにみたいな，でもよくわからない
T:	いやいいんじゃないですか，それを成り立たせるには，成り立たせるために（後略）

以上の，JS という生徒の発言を少し変える形で図2のように板書した。その上で，指数でいうとこの定理・規則性・法則は何であるかを問うたところ，「指数法則」が発言された。そこで指数法則（Ⅰ）$a^m a^n = a^{m+n}$，（Ⅱ）$(a^m)^n = a^{mn}$，（Ⅲ）

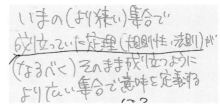

図2　JS の発言に基づく板書

161

$(ab)^n = a^n b^n \ (m,n \in N)$ を板書したところで第1時を終えた。

⑶ 第2時と第3時の概要と生徒の実態

第2時は，生徒に0乗，$-n$乗，有理数乗の定義を課すとともに，$\sqrt{2}$乗について直観的な説明を行った。ここでは，0乗，$-n$乗，有理数乗を定義する活動についての生徒の実態について述べる。

全体的にみてみると，0乗を定義できたのが17名，$-n$乗を定義できたのが10名，有理数乗を定義できたのが4名程度であり（具体例で示している生徒も数えている），多くの生徒が苦戦していた様子が読み取れ

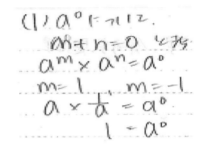

図3　生徒の活動の一例

る。これらの生徒たちに共通して見受けられるのは，まだ定義していない事柄，まだ証明していない定理を根拠として用いていることである。まず，a^0の定義に，未定義のa^{-n}を利用している生徒が複数いる（例えば図3）。こうした生徒はa^{-n}の定義をa^0に帰着させていない（帰着できない）ため，a^{-n}も定義できないままである。次に，a^{-n}の定義に，指数法則（I'）$a^m \div a^n = a^{m-n}$を利用している生徒が複数いる。この法則はa^{-n}を定義できてこそ成り立つ。授業ではこの法則を明示的に扱っていなかった。

第2時終盤では，生徒によって図4のような定義が共有された。ここで有理数乗の場合に着目し，「指数法則Ⅱが成り立つように定

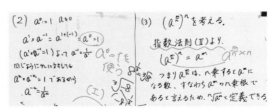

図4　第2時における生徒の板書

義したのであれば，他に何を確かめる必要があるか」と問うと，「指数法則Ⅰ」という発言があった。それをきっかけとして，整数乗や有理数乗をこう定義したときに指数法則Ⅰ，Ⅱ，Ⅲが成り立つことを確かめる必要があることを説明した。しかし実際に確かめる時間がなく，個人の課題とした。

また，第3時に，指数を有理数に拡張する際にはなぜ底の条件を $a>0$ とするのかを話題とした。「分数だからこそ発生する問題は何か」と問うても意見が出なかったため，別のクラスの生徒MSの考えを示した。MSは，図5の板書にあるように，$(-2)^{\frac{1}{2}}$ と $(-2)^{\frac{2}{4}}$ で値が異なってしまうことを記述していた。そこから，「では $a>0$ ならば $a^{\frac{m}{n}}$ と $a^{\frac{mk}{nk}}$ が異なる値になることは確かにないか？」と問いかけ，$\sqrt[n]{a^m} = \sqrt[nk]{a^{mk}}$ $(k \in N)$ の証明を課した。そして問題ないことを確認したうえで，改めてこの3時間で行ってきたことを振り返り，すべての実数 x に対して a^x が定義できるようになったことを共有した。

図5　第3時の板書の一部

4　考察

本節では，生徒の振り返り（第3時終了後に宿題として書かせたもの）を中心に，本実践の有効性と課題を考察する。

⑴　これまでの拡張の経験を振り返ることについて

この点については，主に次の2点の有効性があったと考える。それは，過去の拡張の経験と結び付けて，「拡張による統合」の考え方を意識化できた生徒が複数現れたことと，そこまではいかなくても，拡張とは何か，いま何をやろうとしているのかが明確になった生徒が複数現れ

たことである。

例えば第1時において「拡張による統合」の考え方について自発的に発言した生徒JS（表3）は，過去の拡張の経験として挙げていたのはiiiのみであった。しかし，他の生徒から出された他の経験に関する議論に参加することで，「拡張による統合」の考え方を意識できるようになったと考えられる。また，生徒TNは，過去に多くの拡張の経験をしてきていることと，そこに共通する考え方があったことを今回初めて意識したと書いている（図6）。このように，過去の拡張の経験を振り返ってその考え方を探ることは，それが指数の拡張に活かされるためだけではなく，当時は意識できなかった考え方を意識可能にし，過去に学習した内容の見方を変えることを促す可能性がある。

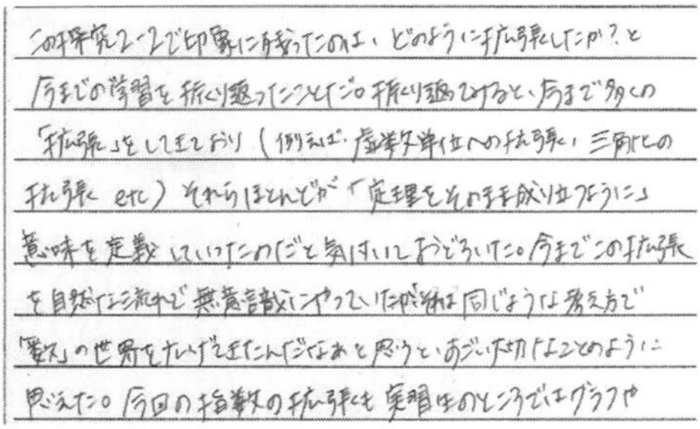
この探究2-2で印象に残ったのは、どのように拡張したか？と
今までの学習を振り返ったことだ。振り返ってみると、今まで多くの
「拡張」をしてきており（例えば、座標や単位への拡張、三角比の
拡張 etc）それらほとんどが「定理をそのまま成り立つように」
意味を定義していったのだと気付いておどろいた。今までこの拡張
を自然な流れで無意識にやっていたがそれは同じような考え方で
「数」の世界を広げてきたんだなあと思うとすごい大切なことのように
思えた。今回の指数の拡張も実際のところではグラフや

図6　生徒TNの振り返りの一部

さらに，生徒AYは，拡張することの意味を理解するうえで今までやってきたことを振り返ることが役立ったと記述している（図7）。中には，振り返ること自体の大切さを記述している生徒も複数確認できる。

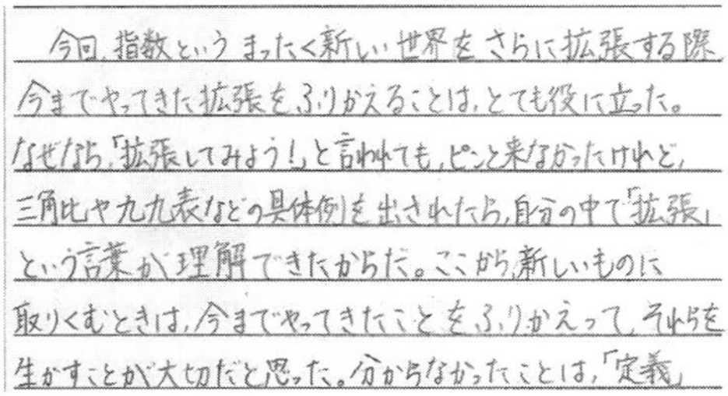
今回、指数というまったく新しい世界をさらに拡張する際
今までやってきた拡張をふりかえることは、とても役に立った。
なぜなら、「拡張してみよう！」と言われても、ピンと来なかったけれど、
三角比や九九表などの具体例を出されたら、自分の中で「拡張」
という言葉が理解できたからだ。ここから新しいものに
取りくむときは、今までやってきたことをふりかえって、それらを
生かすことが大切だと思った。分からなかったことは、「定義」

図7　生徒AYの振り返りの一部

⑵　指数の拡張の実際について

一方で，指数の拡張において「拡張による統合」が働いたかどうかに

ついては課題が残ったといえる。以下に課題を２点挙げる。

まず，第２・３時の概要に記したように，指数を拡張することに困難を感じる様子が確認された。このうち，未定義の事柄や未証明の定理を根拠として用いていることの要因の一つとして，「未定義の a^0 は使えない」という思考が働いたことが考えられる。例えば生徒NAは，０乗に拡張する際に，ワークシートでは「$m, n \in N$」でありながら「$n=0$」としていることに「?!」と記しており，振り返りでは図８のように述べている。指数法則という形式（構造）が保存されるように定義する際には，「指数法則Ｉが $n=0$ のときも成り立つとすれば」と仮定する必要があるため，「未定義の a^0 は使えない」という思考が働くと，こう仮定するのが難しくなる。a^0 の定義に a^{-n} を利用している生徒の中には，$n=0$ と仮定せずにどうにか０乗をつくりだそうとしたからこそそうしたという生徒もいたと考えられる。

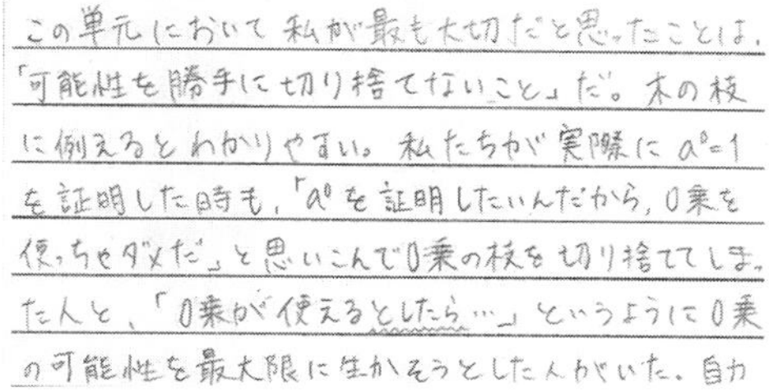
この単元において私が最も大切だと思ったことは、
「可能性を勝手に切り捨てないこと」だ。木の枝
に例えるとわかりやすい。私たちが実際に $a^0=1$
を証明した時も、「a^0を証明したいんだから、0乗を
使っちゃダメだ」と思いこんで0乗の枝を切り捨ててしま
った人と、「0乗が使えるとしたら…」というように0乗
の可能性を最大限に生かそうとした人がいた。自力

図８　生徒NAの振り返り

また，指数法則が，生徒たちにまだ馴染んでいなかった，さらには「保存したい」と思わせる形式（構造）になっていなかったことが考えられる。図９は，自力で拡張できなかった生徒SRの振り返りである。これは，保存する定理（規則性や法則）を，形式として保存できるレベ

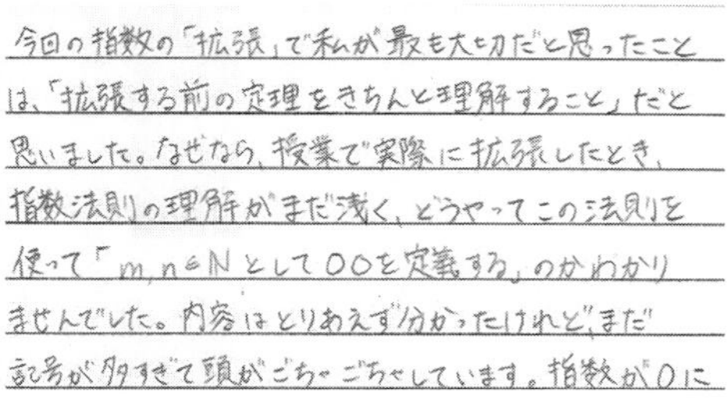
今回の指数の「拡張」で私が最も大切だと思ったこと
は、「拡張する前の定理をきちんと理解すること」だと
思いました。なぜなら、授業で実際に拡張したとき、
指数法則の理解がまだ浅く、どうやってこの法則を
使って「m, n∈N として○○を定義する」のかわかり
ませんでした。内容はとりあえず分かったけれど、まだ
記号が多すぎて頭がごちゃごちゃしています。指数が0に

図９　生徒SRの振り返り

ルまで理解しておくことの必要性を示していると考えられる。さらには，右の図10のように，例は複素数への拡張ではあるが，拡張においては「強引さ」が必要であるとともに，最後に「これもまた数学の魅力なのか？」と疑問形で記している生徒がいる。

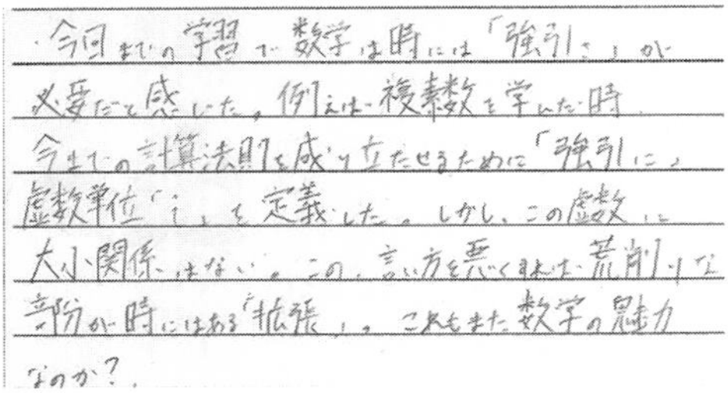
・今回までの学習で数学は時には「強引さ」が必要だと感じた。例えば、複素数を学んだ時、今までの計算法則を成り立たせるために「強引に」虚数単位「i」を定義した。しかし、この虚数には大小関係はない。この、言い方を悪くすれば、荒削りな部分が時にはある「拡張」。これもまた数学の魅力なのか？

図 10　生徒 YT の学習感想（一部）

なぜ「強引に」成り立つようにするかというと，そこに価値があるからである。特に指数法則 I は指数関数を特徴づけるのにふさわしい形式（構造）であると考えられるが（例えば小林昭七，2009，pp.62-63），しかしそれは数学の立場からみてわかることであり，生徒の立場からみてわかるものになっていなかった。指数の拡張において「拡張による統合」が働くためには，指数法則が，生徒たちに馴染み，「保存したい」と思わせる法則になっている必要があると考えられる。

次に，図 11 のように，結果として指数を拡張したときの意味が更新されていない実態が生じている。

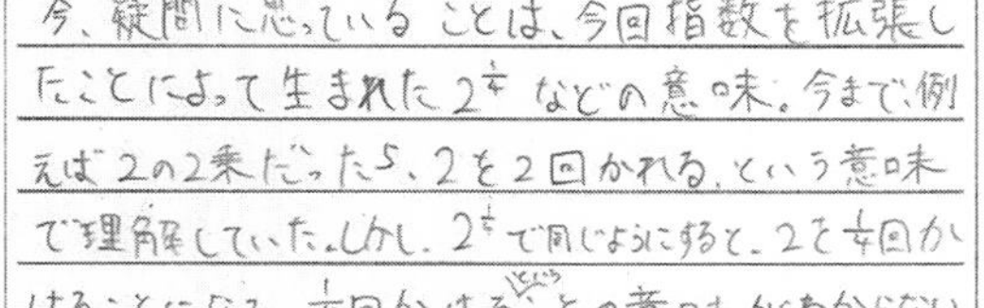
今、疑問に思っていることは、今回指数を拡張したことによって生まれた$2^{\frac{1}{4}}$などの意味。今まで例えば2の2乗だったら、2を2回かれる、という意味で理解していた。しかし、$2^{\frac{1}{4}}$で同じようにすると、2を$\frac{1}{4}$回かけることになる。$\frac{1}{4}$回かけることの意味がわからない。

図 11　生徒 SM の振り返り

この要因として，本実践では「統合」が明示的でなかったことが挙げられる。第 2・3 時の概要に記したように，指数を有理数まで拡張した際，その定義で指数法則を満たすかの確認は個人の課題となり，さらにはその定義が，指数が自然数のときを含んでいることの明示的な確認をしていなかった。したがって自然数の場合の定義と，

拡張した有理数の場合の定義がばらばらに捉えられてしまっている可能性がある。自然数乗 $a^n (n \in N)$ の意味が「a を n 回かけた数」だけでなく「1 乗根 a^n」として明示的に有理数乗の定義に統合されてこそ，指数の拡張において「拡張による統合」が働いたといえることになると考えられ，指数の意味も適切に更新されるのではないかと考えられる。

5　おわりに

　本稿の目的は，「拡張による統合」の考え方で指数を拡張する活動を実現するにあたって，「これまでの拡張の経験を振り返り，そこでの考え方を明確にし，それを働かせていく」実践における生徒の実態の一端を明らかにするとともに，その有効性と課題を示すことであった。結果として，過去の拡張の経験と結び付けて「拡張による統合」の考え方を意識化できた生徒が複数現れるといった成果が得られた一方で，指数の拡張にその考え方を働かせることについては課題が生じ，その要因としては，指数法則が生徒たちにとって「保存したい」と思わせる形式（構造）になっていなかったことや，「統合」まで明示的になされなかったことが考えられた。

　内容を離れて考え方を教えることはできない（太田，2009）だけに，三角比の拡張と指数の拡張は，高等学校数学科において「拡張による統合」という考え方を指導できる貴重な内容である。一方で，だからこそ考え方の指導についての系統的な検討が求められる。本稿での生徒の実態を踏まえると，三角比の拡張における $0° \leqq \theta \leqq 180°$ の場合の定義への鋭角の場合の定義の「統合」を生徒がどのように認識していたかが問題となる。この点を分析し，それを踏まえたうえで，「拡張による統合」の視点からの両者の内容の系統的な指導を提案することが今後の課題である。

〔注〕

※1 「細菌の増殖」（東京学芸大学附属国際中等教育学校数学教育研究会，2017）
の探究は，都合により教育実習生が授業を行った。

〔引用・参考文献〕

小林昭七（2009）．微分積分読本 1 変数．裳華房．

中島健三（1981）．算数・数学教育と数学的な考え方．金子書房．

太田伸也（2009）．子どもに考えさせる授業．長崎栄三ほか編，新たな数学の授業
を創る（pp.42-53）．明治図書．

杉山吉茂（2009）．中等科数学科教育学序説．東洋館出版社．

東京学芸大学附属国際中等教育学校数学教育研究会（2017）．『TGUISS 数学 4』．
正進社．

ダイヤモンド富士を予測する問題の教材化に向けて

上村 健斗

1　はじめに

　数学的モデル化に関する研究は数多く存在する。上村（2017）では，天文現象を題材とする問題の幾何学化に着目して，次にスーパームーンが見られる日を予測する数学的モデル化教材を示した。本稿でも，天文現象を題材とする問題として，次にダイヤモンド富士が見られる日を予測する問題を扱う。本稿の目的は，次にダイヤモンド富士が見られる日を予測する問題を取り上げ，その教材化の可能性を示すことである。そのために，予測可能であることを示すとともに，上村（2017）で明らかにした，天文現象を幾何学化して考える際の特徴Ⅰ「動いているものを適切に固定すること」，Ⅱ「視点を対象化したり移動したりすること」を観点として，その過程を分析的に記述する。

2　ダイヤモンド富士が見られる日を予測する問題と その意図

⑴　ダイヤモンド富士が見られる日を予測する問題

　富士山頂から太陽が昇る瞬間と，富士山頂に太陽が沈む瞬間に，太陽がダイヤモンドのように光り輝く現象を「ダイヤモンド富士」という。

問題1　ダイヤモンド富士はどのようにして起こるのか。

問題2　ダイヤモンド富士が観測できる場所を予測しよう。

問題3　2019年12月現在から，次にダイヤモンド富士が見られる日を予測しよう。

　国土交通省関東地方整備局（2020）によると，ダイヤモンド富士とは，富士山頂から太陽が昇る瞬間と富士山頂に夕日が沈む瞬間に，まるでダイヤモンドが輝くような光景が見られる現象である。

　問題1では，ダイヤモンド富士について幾何学化を通して理解する。太陽が富士山頂と重なって見えることを表す図をもとにして，自分の視点を対象化して考えることで，太陽と富士山頂と観測者の位置関係を考察する。

　問題2では，ダイヤモンド富士が見られる場所を予測する。ここでは，天球を用いて太陽の動きを考えたり，天体の位置を表す方法として「方位と高度」を導入することで太陽の動きを数値化したりする。

　問題3では，問題2で求めた場所から1か所選び，その地点から次にダイヤモンド富士が見られる日を予測する。そのために富士山頂の方位と仰角（高度）を求めることがここでの課題となる。その際には，三角比による高度の算出，空間ベクトルを用いた角度の算出，地球を中心とした直交座標系での位置を経度緯度から求めることが必要となる。求めた方位と高度および国立天文台のデータから，次にダイヤモンド富士が見られる日を予測する。

　なお，この問題では，高校3年で学習する極座標の知識が必要になる。したがって本稿の問題の対象学年は高校3年生を想定している。

3　解決過程

⑴　ダイヤモンド富士が見られる状況の幾何学化

　ここでの問いは，ダイヤモンド富士が見られるときの太陽と富士山と観測者の位置関係を図に表すことである。ここでは，次のⅠ，Ⅱを明確にする。

Ⅰ　太陽を固定して観測者と富士山の位置を考えること

Ⅱ　太陽と富士山頂を見る視点の対象化と，

　それら３つを見る視点への移動

　以下に具体的な解決とその分析を述べる。

　図１は，本来移動する太陽を富士山頂の位置で固定して考えることで，ダイヤモンド富士の様子を表している。そして，太陽と富士山頂と観測者の位置関係を把握するために，観測者の視点を対象化して，それらの位置関係を真横から捉えた図が図２である。なお，点Ｏは観測者の視点，点 F_T は富士山頂，点Ｓは太陽の中心を表す。以上の幾何学化より，「観測者の視点と富士山頂と太陽の中心の３点がこの順番で一直線に並べばダイヤモンド富士を観測することができる」とわかる。

図１　富士山頂と太陽が
　　　重なる様子

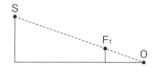

図２　ダイヤモンド富士の際の
　　　位置関係（真横）

(2)　ダイヤモンド富士が見られる場所の推定

①　ダイヤモンド富士が見られる状況の天球上での幾何学化

　ここでの問いは，太陽の動きを考慮することで，ダイヤモンド富士が見られる場所を推定することである。そのために次のⅠ，Ⅱを明確にする。

Ⅰ　固定して考えるものを再検討することでより現実に近い図を考えること

Ⅱ　対象化した視点を移動して富士山頂を中心とした位置関係を捉えること

　以下に具体的な解決とその分析を述べる。

　先ほど固定して考えていた太陽の動きを考慮するために，天球をモデ

ルにして考える。ダイヤモンド富士が見
られる図2の位置関係自体を固定して，
太陽が天球上を動く様子を表したのが図
3である。しかし，図3では，本来移動
しない富士山を動かして考えている。そ
こで，富士山を固定し，それを中心とし
て観測者の視点と太陽を動かして考えた
のが図4である。図4から，ダイヤモ
ンド富士が見られる場所とは，移動する
太陽と固定された富士山頂によって決ま
る直線SF_Tが地表と交わる点に存在する
地域ということがわかる。

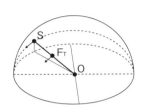

図3　日周運動する太陽とダイヤ
モンド富士の際の位置関係

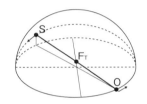

図4　ダイヤモンド富士の際の位
置関係（富士山頂中心）

② 　方位と高度を利用した観測可能範囲
　　の幾何学化

　太陽の位置によって決まる，ダイヤモンド富士が見られる場所を求め
るために，太陽の位置の数値化を考える。そのために次のⅠ，Ⅱを明確
にする。

Ⅰ　ダイヤモンド富士が見られる状況そのものを固定して考えること
Ⅱ　単純化した事象を図に表すために視点を移動して考えること

　天球上の太陽の動きは，季節や時間に
よって変化するため式に表すことが難し
い。そこで，事象を単純化して考える。
筆者の自宅付近は富士山から遠方にある
ため，山頂は地平線近くに見える。そこ
で簡単のために，日の出・日の入りの位
置の数値化を検討する。このことは，太
陽の高度を捨象して考えるということで

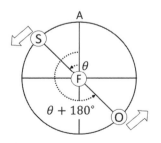

図5　富士山頂中心の角による太
陽位置の表現

172

あるから，それを図に表すために，図4を天頂から見て考えたのが図5である。図5において，AFを基準とする∠AFS＝θを考えれば，観測者の位置は∠AFO＝θ＋180°と決まる。このことを示唆して考えさせた上で，観測地点からの天体の見える位置を表す方法として「方位」と「高度」を導入する。

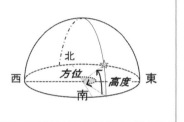

「方位」と「高度」
北から時計回りに測る角度を方位，星の仰角を高度とし，この2つの角度によって観測地点からの星の位置を表現する。

図5において，日の出・日の入りの位置を知るためには，それらの方位を調べればよい。富士山頂（経度：138.7273，緯度：35.3607）での方位を国立天文台の暦象年表を使って小数第1位までで求めた結果が表1である。

表1　2020年の日の出・日の入りの最大・最小方位（国立天文台，2020）

	最小の方位（月日）	最大の方位（月日）
日の出	60.1°（6/21）	118.5°（12/22）
日の入り	242.0°（1/1）	299.9°（6/20）

表1と図5をもとにして考えたのが図6と図7である。

図6と図7を日本地図上の富士山頂に合わせ，ダイヤモ

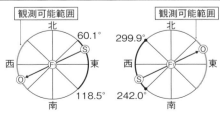

図6　日の出の位置と観測者の位置関係

図7　日の入りの位置と観測者の位置関係

ンド富士の観測可能範囲を表したのが図8である。日本国内の近距離ならばどの図法でも大きな差はないと考え，ここではメルカトル図法が用いられている Google map（Google, 2020）を利用した。

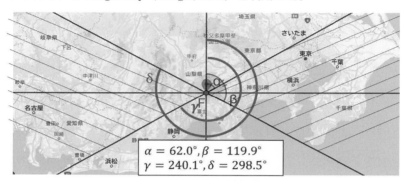

$$\alpha = 62.0°, \beta = 119.9°$$
$$\gamma = 240.1°, \delta = 298.5°$$

図8　ダイヤモンド富士の観測可能範囲

⑶　ダイヤモンド富士が見られる日の予測

①　観測地点の選定と予測方法の検討

　図8の斜線部分から1地点を選び，その地点で次にダイヤモンド富士が見られる日を予測する。ただし，富士山が見える地点でないとダイヤモンド富士も見えないことに注意する。今回は，晴れていれば富士山を見ることができ，筆者の自宅から近い戸田橋の上（経度：139.6851，緯度：35.7971）を観測地点とする（図8で方位 α がなす境界線付近の地点）。

　次に予測方法を検討する。3（2）②で示した通り，任意の地点から太陽がどの方向に見えるのかは国立天文台の暦象年表を使って求められる。したがって，戸田橋からの富士山頂の方位と高度（仰角）を求め，その方位と高度に太陽が来る日を暦象年表で求めることで，ダイヤモンド富士を予測する。

② 観測地点から見たときの富士山頂の高度の算出

戸田橋の上 T，富士山頂 F_T，F_T と地球の中心 C の交点 F_B，平面 TF_TC による地球の断面を考えたのが図9である。富士山頂の高度は∠F_TTA で表される。

地球の半径 F_BC（= TC），富士山の高さ F_TF_B，△F_TCT における余弦定理から，

$$F_TT^2 = (F_TF_B+F_BC)^2+TC^2-2(F_TF_B+F_BC)\cdot TC\cdot\cos\angle F_BCT \quad (1)$$

となる。同様に，△F_TCT において余弦定理より，

$$\angle F_TTC = \cos^{-1}\frac{F_TT^2 + CT^2 - (F_TF_B + F_BC)^2}{2\cdot F_TT\cdot CT} \quad (2)$$

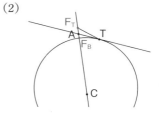

となる。直線 AT は円の接線なので，

$$\angle F_TTA = \angle F_TTC - 90° \quad (3)$$

であるから，式（1）と式（2）と式（3）より，∠F_TTA を求めることができる。そこで，この計算で必要となる，∠F_BCT を求めることを考える。

図9 富士山頂の高度（仰角）を求める図

③ ∠F_BCT の算出

∠F_BCT を求めるために，$\overrightarrow{CT}$ と $\overrightarrow{CF_B}$ の内積を考える。そのために，$\overrightarrow{CT}$ と $\overrightarrow{CF_B}$ を成分表示する方法を検討する。図10のように，地球上での位置は，経度と緯度で表現されている。そこで，ある地点 X の経度 θ（-180° $\leqq\theta\leqq$ 180°），緯度 φ（-90° $\leqq\varphi\leqq$ 90°）から，地点 X の位置を直交座標系で表現することを考える。

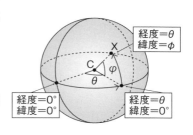

図10 地点 X の経度・緯度表示

図11のように，地球の中心Cを原点とし，赤道面上の経度0°の点を通るx軸，経度90°の点を通るy軸，点Cと緯度90°の点を通るz軸を考える。

　地点Xの経度緯度を(θ,ϕ)とし，地球の赤道半径をrとする。図11のように点Xからxy平面に垂線を下ろし，その交点をHとすると，CH＝$r\cos\phi$と表せる。点Hからx軸への垂線の足A，y軸への垂線の足Bの座標および点Dの座標に着目することで，点X(x,y,z)は

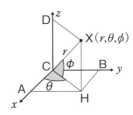

図11　経緯度から直交座標への変換

$$\begin{cases} x = r\cos\phi\cos\theta \\ y = r\cos\phi\sin\theta \qquad (4) \\ z = r\sin\phi \end{cases}$$

となる。式（4）と，地球の赤道半径r，戸田橋の経度緯度(θ_T,ϕ_T)，富士山頂の経度緯度(θ_F,ϕ_F)から，直交座標$T(T_x,T_y,T_z)$，$F_B(F_{Bx},F_{By},F_{Bz})$を求めれば$\overrightarrow{CF_B}=(F_{Bx},F_{By},F_{Bz})$，$\overrightarrow{CT}=(T_x,T_y,T_z)$となり，$\angle F_BCT$は内積を用いて式（5）で表される。

$$\angle F_BCT = \cos^{-1}\frac{\overrightarrow{CF_B}\cdot\overrightarrow{CT}}{|\overrightarrow{CF_B}||\overrightarrow{CT}|} = \cos^{-1}\frac{F_{Bx}\cdot T_x+F_{By}\cdot T_y+T_{Bz}\cdot T_z}{\sqrt{F_{Bx}^2+F_{By}^2+F_{Bz}^2}\cdot\sqrt{T_x^2+T_y^2+T_z^2}} \quad (5)$$

　計算に必要になる数値は表2の通りである。

表2　富士山頂の高度計算に必要なデータ（国立天文台，2015）（Google, 2020）

地球の赤道半径 r	6378.137km
富士山の高さ	3776m
戸田橋の上の経度緯度	(139.6851,35.7971)
富士山頂の経度緯度	(138.7273,35.3606)

式 (1) から式 (5),表 2 より富士山頂の高度は小数第 2 位までで式 (6) となる。

$$\angle F_T TA = 1.73° \qquad (6)$$

④ 観測地点から見たときの富士山の方位の算出

平面上で方位を表す図 5 をもとにしながら，球面上での方位を考えたのが図 12 である。点 N は北極点を表す。図 12 を考える際には，平面上の直線は球面上で大円となることや，球面上の ∠ NTF が方位となることを与える必要がある。そして，球面上では，平面における余弦定理が成立しないことや，球面における余弦

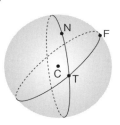

図 12　球面上での富士山の方位

定理が存在するということを説明し，今回は経度緯度から 2 点間の方位を計算できるサイトを利用する（CAJIO, 2020）。求める方位は小数第 2 位までで 241.01° となる [1]。

⑤ 富士山頂の方向に太陽が来る日時の特定

3（3）④までで，戸田橋からの富士山頂の方位と高度を求めることができた。よって，その方位と高度に太陽が来る日を暦象年表から求めればよい。

太陽の方位と高度から，富士山頂の方位と高度を引いた差（「方位差」と「高度差」）が 0.2° 以下となる日時が表 3 である。表 3 から，特に，

表 3　戸田橋の上からダイヤモンド富士が見られる日時

年月日	時刻	太陽高度	太陽方位	高度差	方位差
		[°]	[°]	[°]	[°]
2020/1/7	16:31:00	1.58	240.92	−0.15	−0.09
2020/1/8	16:31:00	1.73	240.95	0.00	−0.06
2020/1/8	16:32:00	1.56	241.10	−0.17	0.09
2020/1/9	16:31:00	1.87	240.99	0.14	−0.02
2020/1/9	16:32:00	1.71	241.14	−0.02	0.13

1月8日16：31でダイヤモンド富士が見られる可能性が高いことがわかる。

　これらの予測日で実際に観測を試みたが，筆者の公務と天気に恵まれず，11日の観測となってしまった。11日の予測状況は表4の通りである。

表4　1月11日の予測状況

年月日	時刻	太陽高度	太陽方位	高度差	方位差
		[°]	[°]	[°]	[°]
2020/1/11	16:33:00	1.85	241.39	0.12	0.38
2020/1/11	16:34:00	1.69	241.54	−0.04	0.53

　11日の16：33に高度差がほぼ0になるが，太陽の方位の方が約0.4°大きい。太陽の見かけの大きさは角度で測ると約0.5°であるから，太陽は，約太陽1個分富士山頂の右手（北側）に沈むことになる。実際に撮影した写真が図13である。ややずれはあるが，山頂よりも約半個分右手を太陽が沈んでいく様子を観測できた。したがって，本稿の手法である程度の精度で予測が可能であることが示された。なお，国土交通省

図13　富士山に隠れる太陽
（2020/1/11 16:33, 筆者撮影）

関東地方整備局（2020）によると，戸田橋周辺では，1月8日，9日にダイヤモンド富士が観測できることが示されていた。

4　まとめと今後の課題

　次にダイヤモンド富士が見られる日を予測する問題の教材化に向けて，その予測が可能であることを示すとともに，その過程に見られる幾何学化を「Ⅰ　動いているものを適切に固定すること」，「Ⅱ　視点を対象化したり移動したりすること」を観点にして記述した。その結果，ま

ず，本稿の手法で筆者の自宅付近から見られるダイヤモンド富士を予測できることが示された。

　次に幾何学化の分析では，Ⅰについて，現実場面を想起しながら，固定して考えているものを再検討する活動が顕在化された。ダイヤモンド富士が見られる状況を天球で考える場面では，まず，観測者の視点を中心にして考えていた。しかし，これでは本来動かないはずの富士山を動かして考えることになることから，固定するものを富士山へと変更して考えた。この活動によって，富士山頂を中心に考えた，より現実に合ったモデルが生まれた。

　また，Ⅱについて，単純化して考えた事象を図に表すために視点を移動して考える活動が顕在化された。天球上を移動する太陽の動きを式に表すことが難しいことと，観測を考えているダイヤモンド富士は地平線付近で見られることから，太陽の高度を捨象して考えた。このことを図に表す場面では，高度を捨象するため，天頂方向に視点を移動して見た図を考えた。このことは，ある図が与えられた際に，その図を見ている方向によって何が捨象されているのかを意識化させることにつながる。また，正射影の理解を深める場面としても位置付けることができる。本稿の問題の解決過程では，上述したような幾何学化の活動が期待できる。

　さらに，富士山頂の高度を求める場面では，三次元極座標を用いた。三次元極座標は高校生の学習内容として位置付けられてはいないが，本稿の解決過程では，ある地点の経度緯度から，その地点の直交座標系での位置を知りたいという目的から三次元極座標の式を導出できることから，極座標の必要性を生徒に気づかせることができる。

　今後の課題は大きく3つある。1つは，より詳細に幾何学化の活動を考察することにより高等学校での学習内容とのつながりや単元への位置付けを検討することである。2つ目は予測方法をより一般化することで

ある。今回は，富士山から遠方にある筆者の自宅付近からダイヤモンド富士の観測を試みたため，対象とする太陽を地平線上に存在すると見なし，日の出・日の入りの位置を考察した。しかし，富士山に近い場所からダイヤモンド富士を観測する場合には，太陽が地平線上に存在すると見なして考えるには無理があるため，その場合の予測方法を再検討する必要がある。3つ目は，分析を通して顕在化された活動が実際に起こるかどうか，授業実践を通して検証することである。

〔注〕
1) 球面三角法を用いれば球面上の角度を求めることができるため，戸田橋の上からの富士山頂の方位を求めることができる。本稿では，高校3年生が球面三角法を扱うことは発展的であると判断し，その計算過程は割愛した。

〔引用・参考文献〕
CASIO（2020）．生活や実務に役立つ計算サイト　2地点間の距離と方位角 https://keisan.casio.jp/exec/system/1257670779（2020.7.24 最終確認）
Google（2020）．Googlemap https://developers.google.com/maps/documentation/javascript/maptypes（2020.7.24 最終確認）
上村健斗（2017）．「スーパームーン」の日を予測する教材の意義―天文現象を題材とする問題における幾何学化の特徴に着目して―. 日本数学教育学会誌, 99（11），13-21.
国土交通省関東地方整備局（2020）．ダイヤモンド富士 https://www.ktr.mlit.go.jp/honkyoku/kikaku/fuji100/ highlight/diamond.htm（2020.7.24 最終確認）
国土交通省気象庁（2020）．富士山観測点配置図 https://www.data.jma.go.jp/svd/vois/data/tokyo/314_Fujisan/314_Obs_points.html（2020.8.8 最終確認）
国立天文台（2015）．理科年表. 丸善出版.
国立天文台（2020）．暦象年表　http://eco.mtk.nao.ac.jp/koyomi/cande/（2020.7.24 最終確認）

数学的モデル化における幾何学化に関する一考察
—「倉庫配置問題」を例にして—

1 はじめに

　数学的モデル化では，事象を図形の世界に落とし込み，図形に関する概念や性質を用いて，事象の理解や解明並びに問題解決が行われることがある。事象を図形の世界に落とし込む過程は，幾何学化（geometrization）と呼ばれ，これまで，その概念規定に関する研究（飯島，1987, 1988）や授業での生徒の思考の様相に関する研究が行われてきた（西村，2003, 2008；松元，2007）。飯島（1987）は，数学的モデル化過程において，幾何的表現に表す方法，すなわち幾何的方法にはどのような局面があるのかを考察し，「視覚化」，「事象の geometrization」，「数式の geometrization」の3つの局面を特定した。視覚化とは，「必ずしも幾何的でない問題に関して，それを図に表して問題の理解を図ったり，解決を試みたりする過程」（p.28）であり，「事象の geometrization」とは，「物理的現象について，その位置・大きさ・形などだけを捨象し，他の要因を無視して幾何の問題として扱い解決を図る過程」（p.28）である。そして，「視覚化と同様に，必ずしも幾何の問題ではないものの解決において，すでに数式モデルは得られているものを，R^2 などに表現することで幾何的に扱える場合もある。そのような場合」（p.28）を「数式の geometrization」と呼んでいる。幾何学化では，上記以外に，必ずしも幾何の問題ではないが，現実的対象を図形に置き換え，幾何の問題として扱い解決を図る過程もあると考えられる。例えば，人の数を線分の長さで表現し，その線分によってつくられる図形について考察する場合である。

　必ずしも幾何の問題ではないが，現実的対象を図形に置き換え，図形に関する概念や性質を用いて探究する活動は，図形に関する概念や性質

の理解を深めるとともに，それらを積極的に用いて問題解決を行う態度の育成にもつながると考える。そこで，本研究では，必ずしも幾何の問題ではないが，現実的対象を図形に置き換え，図形に関する概念や性質を用いて探究する活動を示すとともに，その活動を省察し，飯島（1987）の幾何学化の枠組みについて再検討することを目的とする。

2　本研究において考察する問題

　本研究では，目的を達成するために，施設配置問題に着目する。施設配置問題とは，「空間内において最適な点を選択する問題の総称」（久保幹雄編集，2002，p.1148）を意味するが，その中でも，median 問題に焦点をあてる。median 問題とは，「顧客から最も近い施設への距離の『合計』を最小にするようにグラフ内の点または枝上，または空間内の任意の点から施設を選択する問題」（久保幹雄編集，2002，p.1149）である。Median 問題のうち，選択する施設数が 1 である場合を 1median 問題という。1median 問題には，施設配置問題の古典とされるシュタイナーの問題，すなわち，「三つの村 A，B，C を結ぶ道路網を作り，その全長が最小になるようにせよ」（クーラント他，1966，p.365）といった問題が位置付けられる。この A，B，C の村の人口数を考慮に入れ，重み付けされた場合の全長の最小値を求める問題は，Weber 問題と呼ばれている。本研究では，この Weber 問題について考察する。具体的には，以下の図 1 の問題である。「倉庫配置問題」は，建設する倉庫の位置を点 P としたとき，AP＋BP＋CP の値を最小にする点 P の位置を求めるシュタイナーの問題とは異なり，各 A，B，C の店舗の年間来客数を考慮に入れ重み付けをして，点 P の位置を求める必要がある問題である。

　問題　タケダ商事は，下図の 3 地区に洋服の店舗（A，B，C）を所有している。タケダ商事では，洋服を一括して管理する大規模な

倉庫の建設を計画している。建設した倉庫からは，トラックを用いて各店舗に洋服を配送する予定である。倉庫の建設にあたって，建設した倉庫と各店舗との往復にかかる配送費を最小にしたいと考えている。一方，各店舗は次のように，年間来客数に大きな違いがあるため，来客数に合わせた洋服の配送をしたいと考えている。

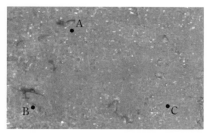

店名	年間来客数
A店	5万人
B店	7万人
C店	9万人

図　洋服店の位置と年間来客数

どこの位置に倉庫を建設するのがよいであろうか。倉庫の位置を示すとともに，その位置の求め方について説明しなさい。

図1　「倉庫配置問題」

3　「倉庫配置問題」の解決過程

「倉庫配置問題」を考えるにあたっては，様々な仮定を置く必要がある。1つ目は，洋服を配送するトラックは，倉庫Pから出発し，店舗に洋服を配送した後，倉庫に戻り，また洋服を積んだ後，異なる店舗へと移動するという仮定である。つまり，倉庫を経由せずに，A店から，B店へと移動することはないという仮定である。2つ目は，配送費は，倉庫と各店舗との距離のみで決定するという仮定である。つまり，配送するトラックの燃料代の変動は考慮に入れないという仮定である。3つ目は，総距離は，倉庫から各店舗までの直線距離で考えるという仮定であ

る。こうした仮定を置くことによって，図形の世界で考察することができるようになる。

　「倉庫配置問題」の解決は容易ではない。そこで，解決の手掛かりを得るために，単純化された場合，つまり，各 A，B，C の店舗の年間来客数を考慮に入れない場合（原問題と呼ぶ）について考える。それは，AP + BP + CP の値を最小にする点 P の位置を求める問題に帰着される。この場合は，次のように考えることができる。△ABP を点 B を中心として 60° 回転させ，△ABP ≡ △FBD となるように点 F を決めると，三角形 ABF は正三角形となる。AP + BP + CP = FD + DP + PC であり，この線分の長さが最小となるのは，辺 FD と辺 DP と辺 PC が直線になるときである。また，同様に，△APC に着目すると，図2[1)]を描くことができる。このとき，∠APB = ∠BPC = ∠APC = 120° となる。

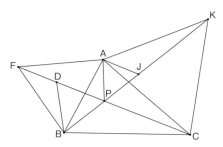

図2　FD と DP と PC が同一直線にある場合

　上記の図形に対して，円周角の定理の逆を用いると，点 A，F，B，P は同一円周上にあるとともに，点 A，P，C，K も同一円周上にあることがわかる（図3）。それゆえ，辺 AB を一辺とする正三角形と辺 AC を一辺とする正三角形を描き，それらの外接円を描いた時の交点が，PA+PB+PC の値を最小とする点 P の位置となる。

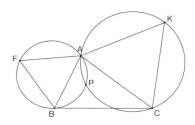

図3　三角形の各辺を1辺とする正三角形の外接円の交点

　上記の解決を手掛かりに，「倉庫配置問題」を考えていく。「倉庫配置問題」は，各A，B，Cの店舗の年間来客数をおもりの重さとして考えた場合，点A，B，Cに点Pからの紐が通され，おもりがつるされている状態として想像できる。そして，APとBPとCPがつりあうときの点Pの位置を見いだす問題として捉えられる（図4）。すると，先に考察した原問題では，点A，B，Cに同じ重さのおもりがつるされ，∠APB＝∠BPC＝∠APC＝120°となる点Pの位置でつりあっていたことになる。

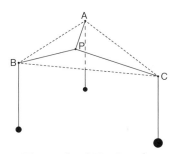

図4　おもりを用いたモデル

　図4から天秤を想起することによって，距離と重さとの積を考え，5PA+7PB+9PCの値が最小となる点Pの位置を考える。5PA+7PB+9PCの値が最小になる位置を試行錯誤しながら見いだすと図5の位置となる。また，原問題でも着目した角を調べてみると，∠APB＝84°，

∠BPC＝146°，∠APC＝129°（小数第一位を四捨五入しているため，3
つの和が360°になっていない）となる。

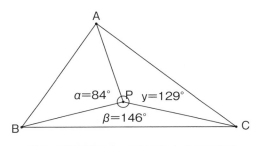

図5　試行錯誤によって見出した点Pの位置

　点A，点B，点Cの重みをそれぞれ5，7，9とすると，値が小さいほ
ど，その点に対応する辺がつくる角が大きくなっているとみることがで
きる。例えば，点Aは一番角度が大きいβに対応し，点Bは二番目に
角度が大きいγに対応し，そして，点Cはαに対応している。おもり
の重さと角度とに何らかの関係があると予想できる。そこで，おもりの
重さ（年間来場者数）を長さに置き換え，幾何学化して考えてみること
にする。すなわち，年間来場者数が9万人，7万人，5万人を9cm，
7cm，5cmの三角形（重み付け三角形と呼ぶ）に置き換えて考える。作
成した重み付け三角形の外角を測定すると図6になる。

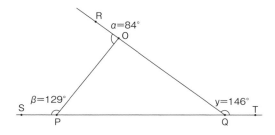

図6　重み付け三角形の外角の角度

　作成した重み付け三角形の外角は，図5の角度と一致していることがわかる。この性質を用いれば，重み付け三角形を描き，外角の角度を調べ，その角度となるように点Pを決めればよい。しかし，この方法は手順が多く，点Pの決め方が面倒である。そこで，より簡潔な方法で点Pの位置を決定するために，原問題のときにも用いた外接円を描く方法に着目する。外接円を描くために，まず，図6の三角形と相似な三角形を辺AB上に作る。次に，同様に，図6の三角形と相似な三角形を辺AC上にも作る。そして，点A，F，Bを通る外接円と，点A，J，Cを通る外接円を描き，点Pの位置を決定する（図7）。∠APB＋∠QOP（∠AFB）＝180°になることから，点A，F，B，Pは同一円周上にあり，∠APC＋∠QPO（∠AJC）＝180°になることから，点A，J，C，Pは同一円周上にあることがわかる。

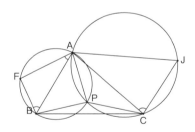

図7　重み付け三角形と外接円

　原問題では，三角形ABCの各辺に，正三角形を描いていた。上記の考察を通して，各頂点における重み付けが全て等しいためであったため，正三角形を描いていたと考えることができる。

　では，なぜ図6のように，重み付け三角形の外角から，総距離が最小となる点Pの位置を求めることができるのか。点Pは，つり合いがとれた点であり，$\overrightarrow{PB}+\overrightarrow{PC}=-\overrightarrow{PA}$を満たす点である（図8）。

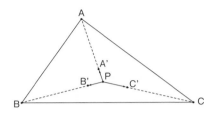

図 8　ベクトルを用いた考え

　この点 P を始点としたベクトルを平行移動させ，点をつないでいく
と三角形ができる。この三角形 PA''C' が，重み付け三角形と相似にな
る。∠ A''PC' は A'PC' の外角であり，∠ A''C'P は B'PC' の外角であり，
そして∠ PA''C' は B'PA' の外角となっているので，重み付け三角形の外
角から，点 P に関わる角度を求めることができるのである（図 9）。

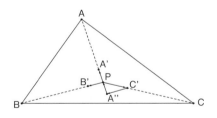

図 9　重み付け三角形の出現

4　議論

　「倉庫配置問題」の解決では，解決の手掛かりを得るために，単純化
された場合にあたる，各 A，B，C の店舗の年間来客数を考慮に入れな
い場合について考察した。その際，店舗や倉庫を点とし，店舗から倉庫
までの道路を線分とする事象の幾何学化が行われている。また，倉庫の

設置を各店舗から倉庫までの距離の総和のみで考えるという仮定を置いている。こうした幾何学化や仮定を設定することによって，図形の世界に落とし込み，考察することができるようになった。

　単純化された場合を考察した後，「倉庫配置問題」の解決に向けて，まず，各A，B，Cの店舗の年間来客数をおもりの重さとしてみなした。そして，倉庫の位置である点Pは，各点から点Pまでの紐の長さと各点につるされたおもりの重さに影響を受けると判断し，重さがつりあった状態を考えた。次に，おもりの重さ（年間来場者数）を長さに置き換え，幾何学化して考えた。すなわち，年間来場者数が9万人，7万人，5万人を9cm，7cm，5cmの三角形に置き換えて考えた。ここでの幾何学化は，年間来場者数を長さに置き換え，図形の世界に落とし込むことによって，図形の内角や外角の考察を可能にしている。この幾何学化は，「必ずしも幾何の問題ではないが，現実的対象を図形に置き換え，幾何の問題として扱い解決を図る過程」として特徴づけることができる。この観点を踏まえ，飯島（1987）の幾何学化の枠組みを整理すると，次のように記述できる。

表1　幾何学化の局面

A.　視覚化：必ずしも幾何的でない問題に関して，それを図に表して問題の理解を図ったり，解決を試みたりする過程

B.　事象の幾何学化：

　B1：物理的現象について，その位置・大きさ・形などだけを捨象し，他の要因を無視して幾何の問題として扱い解決を図る過程

　B2：必ずしも幾何の問題ではないが，現実的対象を図形に置き換え，幾何の問題として扱い解決を図る過程

C.　数式の幾何学化：視覚化と同様に，必ずしも幾何の問題ではな

いものの解決において，すでに数式モデルは得られているもの
を，R^2などに表現することで解決を試みたりする過程

　また，重み付け三角形を作成した後には，原問題の考察を振り返り，
原問題において考察してきた方法の活用を意図した。例えば，原問題に
おいて，外接円を描いたので，「外接円を描くように考えることはでき
ないか」を自身に問い，考察した（図7）。さらに，原問題で考察して
きた方法と「倉庫配置問題」で考察してきた方法を同じ視点で統合し
た。具体的には，まず，原問題では，三角形 ABC の各辺に，正三角形
を描いて考えてきたが，なぜ正三角形であるかについて考え，「各頂点
における重み付けが全て等しいため」であると解釈した。次に，原問題
と「倉庫配置問題」は，共に各辺に相似な三角形を描いていたとみるこ
とができると統合した。また，点 P は，「つり合い」がとれた点である
ことから，「つり合い」を表現できるベクトルに着目し，ベクトルを用
いて，事象の仕組みを明らかにした。幾何的ではない対象に対し，幾何
学化を施した場合，これまで考察してきた事柄と関連付け，その幾何学
化の適切性を吟味することは，現実的対象を図形に置き換え，図形に関
する概念や性質を用いて探究する活動において重要な活動になると考え
る。

5　研究のまとめと今後の課題

　本研究の目的は，必ずしも幾何の問題ではないが，現実的対象を図形
に置き換え，図形に関する概念や性質を用いて探究する活動を示すとと
もに，その活動を省察し，飯島（1987）の幾何学化の枠組みについて
再検討することであった。その結果，「B. 事象の幾何学化」を「B1：物
理的現象について，その位置・大きさ・形などだけを捨象し，他の要因
を無視して幾何の問題として扱い解決を図る過程」と「B2：必ずしも

幾何の問題ではないが，現実的対象を図形に置き換え，幾何の問題として扱い解決を図る過程」の2つに整理することを提起した。

　本研究において考察してきた問題の教材化可能性について検討するとともに，上記のB2が実現されうる教材の開発が今後の課題である。

注
1)　本稿における図形の記述や角度の測定は，geogebra を用いている。
2)　本稿は，清野（2019）を幾何学化を視点に再考察したものである。

引用・参考文献
アルフレート・ヴェーバー（1966）．工業立地論（日本産業構造研究所訳）．大明堂．
Blackford.R, Tayor.T（1980）. Industrial Location. In The Spode Group（Eds.）, *Solving Real Problems with Mathematics Volume 1*（pp.35-45）. Cranfield Press.
クーラント．R ロビンズ．H（1966）．数学とは何か（森口繁一監訳）．岩波書店．
飯島康之（1987）．数学的モデル化における geometrization について．数学教育学論究・論文発表会発表論文抄録，47,48，27-30．
飯島康之（1988）．Z.Usiskin の観点から見た geometrization の多次元性について．筑波数学教育研究，7，55-63．
小林みどり（1996）．応用数学入門．牧野書店．
久保幹雄，田村明久，松井知己編集（2002）．応用数理計画ハンドブック．朝倉書店．
西村圭一（2003）．事象の幾何学化をめざす授業の研究．科学教育研究，27(3)，223-231．
西村圭一（2008）．数学的モデル化を遂行する力の育成をめざす教材の開発—事象の幾何学化に焦点を当てて—．教材学研究 19，171-178．
枌元新一郎（2007）．数学的モデル化過程における幾何学化の困難性とその克服の方策．日本科学教育学会年会論文集，31，211-214．
岡部篤行，鈴木敦夫（1992）．最適配置の数理．朝倉書店．
清野辰彦（2019）．数学的モデル化過程と数学的問題解決過程の関わりに関する一考察．日本数学教育学会春期研究大会論文集，8，123-130．
ステインハウス．H（1976）．数学スナップ・ショット（遠山啓訳）．紀伊國屋書店．

空間観念の育成を目指した指導
―投影図を満たす立体の模型づくりの実践を通して―

細矢 和博

1 本稿の目的と方法

　本稿の目的は 2 次元の投影図を与えて，その図を満たす立体を想像させて，それを具体化する立体を作らせることを通じて，空間観念の育成の指導に対する示唆を得ることである。この目的を達成するために，中学校 1 年生の空間図形において授業実践を行った。具体的には，与えられた投影図を満たす立体を作る活動において，投影図からどのようなことを読み取り，それを手掛かりにして立体を作るのか，さらに修正していくのかを生徒の活動やワークシートから明らかにする。

2 課題について

(1) 準正十四面体

　本実践に密接に関連する立体は準正十四面体である。ご存じのように，正方形 6 つ，正三角形 8 つでできる立体である（図 1 参照）。

　この立体の正方形の面を立面図，平面図，側面図の投影面に対してそれぞれ平行に置く。すると，立体では正三角形の面は直角二等辺三角形になるので，図 2 のような投影図が得られる（図 2 参照）。

図 1　準正十四面体

(2) 投影図を満たす立体を考える

　それでは逆に，図 2 の投影図を満たすような立体はどのようなものだろうか。この立体を考えてみることにする。

　立面図，平面図，側面図で表された図

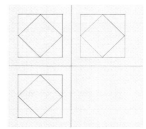

図 2　準正十四面体の投影図

2の図形は，基線に平行な辺をもつ合同な正方形があり，各辺の中点の隣同士を線分で結んだものである。したがって，投影図のどの図にも2種類の正方形があり，その間に4つの合同な直角二等辺三角形がある。そこで，これらの図形を手掛かりにして，生徒たちは立体を作ると考えられる。

① 立方体を手掛かりに考えた場合

投影図のそれぞれの図形の外側は正方形でかかれている。例えば，立面図が正方形であるから，求める立体は正四角柱の枠に収まるように投影される。平面図，側面図でも同様に考えられるから，それらの相貫体としての立方体ができる。だから，求める立体は，この立方体に収まるものを考えればよい。

次に，与えられた投影図には正方形の辺の中点の隣同士を実線で結んでいるので，立方体の3つの面に実線をかき加えたものを考える（図3参照）。

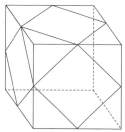

図3 3つの面に実線をかき加えた立方体

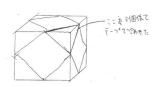

図4 正三角錐を8つつなげた立体

すると，立方体の頂点を含む正三角錐が浮かび上がる。これは立方体の頂点にそれぞれ作れる。そこで8つの頂点のすべてについて，この正三角錐を切り落とす。すると準正十四面体が得られる。

一方，切り落とした8つの正三角錐をつなげてできたものが図4である。つまり，立方体から図1の立体を取り除くと，この立体ができる。

図5 裏側から見た立体

193

また，この正三角錐を立方体から7つ切り落としても図2の投影図を満たす。この立体は，正面から立方体を見たときに右下の奥の頂点についてだけ正三角錐を切り落とさずに得られるものである（図5参照）。

②　直角二等辺三角形を手掛かりに考えた場合

　投影図にかかれた直角二等辺三角形と合同な図形が立体の面にあると仮定する。すると，実線でかかれているので，投影図のかき方から，立体でこの正方形 EFGH に対応する面を出っ張らせるか，あるいは引っこませるかの2通りしかない（図6参照）。

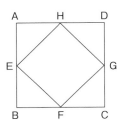

図6　図2の平面図

　そこで，まず立方体の上の面に正四角柱をつなげてみる。すると，この立体の平面図は満たすが，別の方向からみた投影図が出っ張ってしまう（図7・8参照）。逆にこの面をへこますと投影図の正方形の内部に余分な破線が入ってしまう（図9・10参照）。ここで，付け加えたり削ったりした正四角柱の底面を正方形ではなくひし形にした立体も考えられる。この場合でも投影図で表すと，同様に余分な破線や実線が加わることになる。

図7　立方体を出
　っ張らせた立体

図8　図7の
　の立面図

図9　立方体をへ
　こませた立体

図10　図9の立
　体の立面図

③　内側の正方形に着目する場合

　まず内側の正方形に着目すると，3つの正四角柱が互いに垂直に交わ

るものが考えられる。しかしこれは立方体を作るときに考えた3方向からの正四角柱に対して，それぞれ45°回転させてから相貫体を考えるので，立方体とは異なるものである。実際にこの模型を作り投影図に表すと，余分な線分が入ることがわかる（図11・12参照）。

これらの線分をなくすためには，8か所を正三角形で覆うと，準正十四面体ができる。

図11　正四角柱を組み合わせた立体

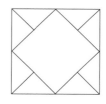

図12　図11の立体の立面図

⑶　本実践の特徴

①　投影図から立体模型を作らせること

中学校1年の単元「空間図形」では，教科書に「立体を与えてその投影図をかいたり，投影図を与えて立体の名称を答えさせたりする問題」が掲載されている。しかし，定性的な内容なので，実際の長さが表されるという投影図の利点を生かす場面として生徒に意識させることがほとんどない。

これを解消するために，投影図から立体を作らせることにした。実際に作らせることには，次のようなよさがある。

ア　投影図を見て，立体の概形を想像するだけにとどまらず，実際に立体の面の図形を作ることが必要である。したがって，投影図の図形の特徴を捉えて辺の長さや角の大きさを考察させることができる。

イ　面と面のつながり方やそれらの位置関係などを考察することができ

る。

ウ　模型を作ることで自分の予想とどのように違うのかを確認できる。
　　したがって，矛盾があれば修正して立体を作り直しながら考察する
　　ことができる。

　このような一連の作業を通じて，空間観念が育成されていくものと考
える。

② 　**準正十四面体の投影図を使用したこと**

　今回の実践では生徒たちが投影図を見てどのような立体を想像し作る
のかを知ることが大切である。そのため生徒の認識を確認するためにも
既習の立体ではないものを使いたいと考えた。それは正多面体や角錐，
角柱などの既習の立体であると，学習状況によって差ができてしまうこ
とが考えられる。わかる生徒には考える部分がなくなってしまい課題に
なりにくいからである。そこで見慣れていない準正多面体を取り上げる
ことにし，その中から準正十四面体を選んだ理由は次の３つである。

ア　立体の面が正方形や正三角形で作られていて，それらの数が準正多
　　面体の中でも少ない立体であること。

イ　生徒たちにとって考えやすい立方体から正三角錐を切り落とせば得
　　られること。

ウ　立体の面と合同な図形が投影図の中に表れていること。

　これらの理由から生徒たちにとって，見慣れない立体であったとして
も想像しづらい立体ではないと考えた。

⑷ 　**この課題で期待される生徒の活動**

　まず投影図を読むことが必要になる。実際には，投影図を見て，立体
の面はどのような図形なのか，面と面とはどのようにつながっているの
か，立体の実長が投影図のどこに表れるかなどの情報を読み取ることで
ある。

　また，正誤について論理的に説明することが必要になるので，投影図のかき方を確認したり，平面図形の知識を利用したり，面と面の位置関係を議論したりすることが可能になる。

　したがって，最初の提示課題は投影図を満たす立体を作ることであるが，必ずしもこの「正解となる立体」を作ることを目的にしているわけではない。

　本研究の目的は空間観念を育成することである。この立体づくりの過程を通じて，立体の面がどのように見えるか，作った立体が投影図を満たしているか，どこに実長が表れているかなどを議論できることがここでの価値である。したがって，たとえ「正解となる立体」を作成できなくても，上記の事柄を通じて，空間観念を育成できると考えられる。

⑸　**授業のねらい**

　次の3つのねらいで授業を行った。

①　3方向からの投影図を組み合わせて立体を考えること。

②　予想を修正しながら考察できること。

③　投影図の直角二等辺三角形が立体では正三角形になることを理解すること。

⑹　**授業の実際**

①　単元　　　空間図形

②　指導計画　投影図での立体の表し方（1時間）

　　　　　　　投影図で表された立体の模型を作ろう（全2時間：本時）

③　対象生徒　国立大学附属中等教育学校1年生1クラス

④　授業の実際

〈課題提示〉

T　次の図13のような投影図に表された立

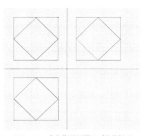

図13　授業課題の投影図

体はどんな多面体でしょうか。

(7) 投影図にかかれた立体を想像する

　図13を印刷したプリントを全員に配付して，このような投影図になる立体を作る課題を提示した。その際に，この図の説明として3つの投影図ともに合同な正方形であり，その各辺の中点をとり，隣り合う中点同士を結んだ正方形であること，また立体の注意として，立体を投影したときには投影図に新たに実線や破線をかき加えないこと，模型を作りたい場合にはその大きさは自由にすることなどを生徒たちと確認した。

　「こんな立体はあり得ない」「作るのは無理ではないか」などの声がすぐに上がった。頭の中では立体の形をすでに想像しながら作業を始めていた。実際にプリントの投影図を切り取り，投影面を互いに垂直に交わるように組み立てる生徒（図14参照）や立方体の見取り図をかく生徒などがいた。「中が空洞なんだ」「直角二等辺三角形が3つずつ，8か所作ればいいんだ」などのつぶやきが出てくると，実際に工作用紙を切り抜いて立体を作り始めた。生徒同士の相談は自由にさせていたが，最初の課題提示以外に教員がクラス全体に指示を出すことはしなかった。

図14　投影図を互いに
　　　垂直に交わらせる

図15　生徒のワーク
　　　シートの記述

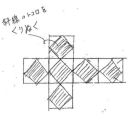

図16　生徒のワーク
　　　シートの記述

　立方体を思い浮かべて，そこから出っ張らせても，へこませても余分な実線や破線が入ってしまうことにすぐに気づいた。そこで，生徒たち

の多くは投影図の直角二等辺三角形をそのまま残して，立方体から中点同士を結んだ正方形の部分をくりぬいたり，正三角錐8つをつなげたりして立体を作ることを思いついた。しかし，正三角錐同士は頂点でしかつながらないので，こんなのは立体と言えないと判断し，他の立体を考え始めた。

(8) **別の立体を作る**

次に，投影図の正方形の辺の中点同士を結んだ正方形を残すことを思いついた（図17参照）。そして，隙間が空いた部分をどのようにすべきかを考えた。その結果，正三角形で面を覆えばよいことに気づいた。

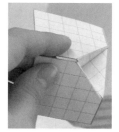

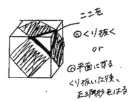

図17　中点同士を結んだ正方形をつなげる　　図18　直角二等辺三角形を折り込む　　図19　正三角錐を取り除くことに気づいた生徒

その一方で，直角二等辺三角形の部分を折り込む生徒が出てきた（図18参照）。しかし，投影図に余分な実線が入ってしまう。そこで，この実線を消すためにこの部分を正三角形で覆うことに気づいた（図19・20参照）。

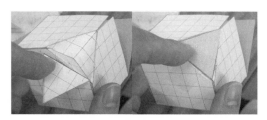

図20　折り込んだ直角二等辺三角形を正三角形で覆う前と後

3　授業の考察

① 　３方向からの投影図を組み合わせて立体を考えることはできたか

　投影図が正方形で表されていることから，３つの正方形を作り，互い
に垂直に交わらせたり，立方体を想定してそれをもとに考えたりしよう
とする姿が多くみられた。そして，投影図の実線は実際の立体では辺を
表していることはよく理解していた。それは，投影図にある中点同士を
結んだ正方形の辺を折り目としてつなげようとしたり，立方体から正四
角柱をくりぬこうとしたりする生徒の活動によって確認できた。

　さらに，生徒たちは投影図に表れた図形がそのまま立体の面として存
在することを仮定して思考を進めていることもわかった。言い換える
と，投影する画面に対して，平行な面が存在するように立体が置かれて
いるという仮定である。具体的には直角二等辺三角形や正方形が立体の
面になると仮定した。この仮定によって作られた立体と与えられている
投影図との間に矛盾が生じないかどうかを確認しながら作業を進めてい
た。

② 　予想を修正しながら考察することはできたか

　投影図の外形がすべて正方形になっていることから，立方体を基準と
して考察を始める生徒が多かった。立方体に余分な立体を付け加える
と，投影図が正方形ではなくなってしまうことから，立方体をくりぬい
たり，削ったりして立体を求めようとした。まずくりぬいたイメージの
生徒たちは，上述の正三角錐８つをつなげたものを作った。しかし，頂
点同士でしかこの８つの正三角錐をつなぐことができなかったので，立
体とは呼べないと考えて，他の立体の存在を検討し始めた。

　具体的には，中点同士を結んだ正方形を頂点で結んだり，直角三角形
を折り込んだりすることが多く行われた（図21〜図23参照）。

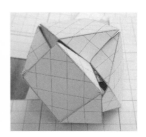

図21　6つの正方形を頂　　図22　6つの正方形を頂　　図23　直角三角形を折り
　　　点でつなげる　　　　　　　点でつなげる　　　　　　込んだ立体

③　投影図の直角二等辺三角形は立体では正三角形になることを理解し
たか

　直角二等辺三角形を折り込むと投影図には実線が入ってしまうので，
この実線をなくすために正三角形で覆うことを簡単に見いだす生徒もい

れば，なかなか覆えない生徒もいた。また，
正三角錐を8つつなげた場合でも，正三角形
の面がないものも見られた（図24参照）。
しかし，立体を眺めていると徐々に正三角形
で覆う生徒が増えてきた。

　すぐに正三角形の存在に気づいた生徒たち
は投影図を3つ垂直に組み立てたときに正三
角形が見えてきたと言う。これらの生徒は立

図24　8つの正三角錐の底
　　　面となる正三角形がない

方体から正三角錐を切り落としたことを根拠に，その切り口を投影する
と直角二等辺三角形になることを説明した。

4　まとめと今後の課題

(1)　まとめ

　投影図から立体にはどのような面があって，どのようなつながりに
なっているのかを生徒たちは常に想像している。作った立体の模型が投

影図のようになっているかどうかを確認して，条件を満たしていない部分を検討している。以上の点から，この教材は授業のどの時点においても空間観念の育成ができることに大きなポイントがあると考える。

(2)　今後の課題

今後の課題として次の2点を挙げる。

今回は準正十四面体になる投影図を使用したが，他の投影図を用いたときには同じような活動が得られるのかどうかを確認する。また，投影図上での点や辺などの対応を読み取らないと作れない教材の開発をする。

〔参考文献〕

細矢和博（2010）．投影図から立体模型を作るときの生徒の思考と活動．東大附属論集，第53号，113-122．

細矢和博（2012）．投影図を読みとる活動を通じて空間観念を育成する．東大附属論集，第55号，93-102．

島田茂（1990）．教師のための問題集．共立出版．

吉川行雄（2011）．投影図から立体を特定する課題の教材研究．学芸大数学教育研究，第23号，17-24．

四面体の重心を定義する活動に関する一考察

成田 慎之介

1　はじめに

　我が国においては，学校数学において数学をつくる授業が志向され，それを問題解決型の授業によって実現しようとしてきている。しかし定義に関しては教師から与えられることが多く，子どもが自ら定義を構成する活動は算数数学科の授業においてほとんど行われていないのが現状であろう。数学をつくるという授業を目指すとき，子ども自身が定義を考え，構成するという場面も必要であると考える。

　太田（1995）は「凹四角形の外角の和は360°である」という議題についてディベートをとりいれ，凹四角形の外角の定義について考えさせることによって，「「数学とはすでにできあがった理論を学ぶもの」という生徒の学習観をゆさぶることができた」（p.105）としている。また，清水（2000）も凹四角形の外角を定義する教授実験を通して，「事前調査では，「定義」とは「変えられないもの」であると考えていた。しかし，教授実験の終了時には，定義を自分たちの目的に応じてきめてよいとみていたし，彼らの活動も，このような方向で進められていた。」（p.16）として，定義観の変容がみられたことを指摘している。このように，定義を子どもが自ら考え構成する活動を授業にとりいれることによって，数学は「教師から与えられるもの」ではなく，「人間が自由に創造することができるもの」であるといった数学観や学習観を形成することにつながると考える。

　そこで本稿では，四面体の重心を定義するという活動に焦点を当てる。四面体の重心を定義する活動は，三角形の重心の類推として扱われることが多く（島田，1990），類推の仕方によって複数の定義を考えることができる。そこで本稿では，四面体の重心を定義する活動の価値を

明らかにすることを目的とする。そのために，四面体の重心の定義を複数考え，それらの定義を考える過程について考察する。

2 四面体の重心を定義する活動

⑴ 「中線」を拡張する（Ⅰ）

　まずは，三角形の重心を四面体に拡張するという考え方から始めることにする。三角形の重心は，3本の中線の交点である。そこで，「中線」を四面体へと拡張することによって，四面体の重心の定義を考える。

　中線は三角形の頂点とその対辺の中点を結ぶ線分である。これを四面体に対応させてみる。まず，「三角形の頂点」は「四面体の頂点」に，「その対辺」は「その対面」にそれぞれ対応させることが考えられる。次に「中点」についてである。中点は線分を二等分する点である。「線分を二等分する」に対応するものを考えると，「三角形の面積を三等分する」が考えられる。すなわち，「三角形の各頂点と結んでできる線分によって面積を三等分する点」である。これは，三角形の重心である。したがって，四面体の重心は次のように定義することが考えられる。

　【定義①】：四面体の各頂点とそれぞれの対面の重心を結ぶ線分の交点

　これを定義として採用するためには，「交点」が1点でなければならない。すなわち，次の命題を示す必要がある。

　【命題①】：四面体の各頂点とそれぞれの対面の重心を結ぶ線分は1点
　　　　　　　で交わる

　命題①を証明する。

《証明》

　四面体 ABCD に関して，辺 CD，DB，AD の中点を E，F，H とする。また，頂点 A，B，C，D の対面の重心をそれぞれ A_1，B_1，C_1，D_1 とする。

点 A_1，B_1 は，それぞれ BE，AE 上にあるので，AA_1，BB_1 は平面 ABE 上にある。よって，AA_1 と BB_1 は交わる。

同様にして，AA_1，BB_1，CC_1，DD_1 の任意の2つの線分は交わる。

また，AA_1，BB_1，CC_1，DD_1 のうちどの3つの線分も同一平面上にはない。従って，4つの線分は1点で交わる。

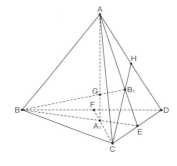

図1　中線の拡張（I）

命題①が示されたため，定義①を四面体の重心の定義とする。また，その点を G とすると，

$$BA_1 : A_1E = AB_1 : B_1E = 2 : 1$$
$$より A_1B_1 // BA，A_1B_1 : BA = 1 : 3$$
$$ゆえに，AG : GA_1 = 3 : 1$$

となることもわかる。したがって，【命題①】は次のように書き直すことができる。

【命題①′】：四面体の各頂点とそれぞれの対面の重心を結ぶ線分は1点で交わり，その交点は各線分を3：1に内分する

ここまでの過程を振り返ってみる。まず，「線分を二等分する」に対応するものとして「三角形の面積を三等分する」を考えた。その結果「中点」に対応する点は「三角形の重心」として考えることができた。さらに，三角形の重心は「三角形の頂点とその対辺の中点を結ぶ線分を2：1に内分する点」であるのに対し，四面体の重心は「四面体の頂点とその対面の重心を結んだ線分を3：1に内分する点」であることがわかった。そこで，中点も何かの重心として捉えられないかと考えてみる。すると，「中点」は「2点を1：1に内分する点」であることから，

中点を「2点の重心」と捉えることができる。このように考えると，中点と三角形の重心，四面体の重心を，1次元，2次元，3次元の重心として統合的に捉えることができる。また，中線を「三角形の頂点とその<u>対辺の重心を結んだ線分</u>」と捉えると，四面体でそれに対応するものは，「四面体の頂点と<u>その対面の重心を結んだ線分</u>」と考えられる。このように考えると，三角形の重心の定義と四面体の重心の定義を統合的にみることができる。

⑵ 「2：1」に着目する

三角形の重心に関わる定理として，「三角形の3本の中線は1点で交わり，その交点は各中線を2：1に内分する」がある。⑴では，中線に着目してそれを拡張した。ここでは，2：1に着目してみる。⑴では「中点」に対応するものとして「三角形の重心」を考えた。そこで，四面体の重心として次の定義を考える。

【定義②】：四面体の1つの頂点とその対面の重心を結ぶ線分を3：1
　　　　　に内分する点

これを定義とするためには，次の命題を示す必要がある。

【命題②】：四面体の各頂点とその対面の重心を結ぶ線分を3：1に内
　　　　　分する点は一致する

この証明は，命題①で考えたこととほぼ同様であるため省略する。

⑶ **中線を拡張する（Ⅱ）**

再び，「中線」に着目する。中線を「三角形の頂点を通り，面積を二等分する直線」と捉え，四面体でそれに対応するものを考えてみる。例えば，「四面体の頂点を通り，体積を二等分する平面」や「四面体の頂点を通り，体積を三等分する平面」が考えられる。まず前者について考える。

四面体の頂点を通り体積を二等分する平面はどのように考えたらよいだろうか。そこで三角形に戻り，中線はどのように面積を二等分してい

るのかについて見直し，その目で再度四面体を二等分する平面について
考える。中線は，「三角形の頂点とその対辺の中点を通り面積を二等分
している」と捉えることができる。そこで，三角形における「中点」を
四面体では「中線」として考えてみる。すなわち，「四面体の頂点とそ
の対面の中線を通り体積を二等分する」と考えるのである。このように
考えると，「四面体の頂点を通り，体積を二等分する平面」は「四面体
の頂点とその対面の中線を通る平面」と言い換えることができる。以上
のことから，次の命題と四面体の重心の定義が考えられる。

　【命題③】：四面体の各頂点とその対面の中線を通る平面は1点で交わ
　　　　　　る

　【定義③】：四面体の各頂点とその対面の中線を通る平面の交点

　同様に，「四面体の頂点を通り，体積を三等分する平面」について考
える。ここでは，中線を「三角形の頂点とその対辺を二等分する点を通
り面積を二等分している」と捉える。すると，「対辺を二等分する点」
に対応するものとして「対面を三等分する点」を考えることができる。
これは定義①をつくる際に考えたことと同様である。すなわち，「対面
を三等分する点」を対面の重心として考える。そして，図2のように，
頂点Aの対面の重心をA_1とすると，$\triangle AA_1B$，$\triangle AA_1C$，$\triangle AA_1D$の3
つの三角形によって四面体ABCDの
体積を三等分することができる。この
ように，「四面体の頂点を通り，体積
を三等分する平面」を考えることがで
きる。さらに，これらの$\triangle AA_1B$，$\triangle$
AA_1C，$\triangle AA_1D$を含む平面は，上で
考えた「四面体の頂点とその対面の中
線を通る平面」と同一である。した
がって，この場合においても，最終的

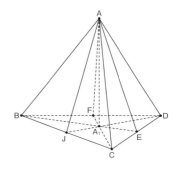

図2　中線の拡張（Ⅱ）

には命題③，定義③となる。そこで，命題③を示す。

《証明》

　△ BCD の重心を A_1，各辺 CD，DB，BC の中点をそれぞれ E，F，J とすると，△ ABE，△ ACF，△ ADJ を含む平面はいずれも線分 AA_1 を含む。

　よって，それぞれの平面の交線は AA_1 である。

　同様に，△ ACD の重心を B_1 とすると，辺 AD の中点と辺 BC を通る平面，辺 AC の中点と辺 BD を通る平面の 2 つの平面の交線は BB_1 である。また，△ ABD の重心を C_1 とすると，辺 AB の中点と辺 CD を通る平面，辺 AD の中点と辺 CB を通る平面の 2 つの平面の交線は CC_1 である。

　命題①より，AA_1，BB_1，CC_1 は 1 点で交わるので，命題③は成り立つ。

⑷　各面の重心を結ぶ

　この題材を大学の講義で行うと必ず出てくる考えがある。それは，四面体の各面の重心を結んで新たに四面体をつくるという考えである。新たに四面体をつくっただけでは点にならず四面体の重心を定めることはできない。しかし，「四面体の各面の重心を結んで新たに四面体をつくる」という操作を繰り返していくと，四面体の各頂点がある点に収束するように思える。そこで，収束するのであれば，その点を元の四面体の重心として定義することが考えられる。すなわち，次の命題と定義が考えられる。

　【命題④】：四面体 ABCD の各頂点 A，B，C，D の対面の重心をそれぞれ A_1，B_1，C_1，D_1 とし，この 4 点を結んで四面体をつくる。四面体 $A_1B_1C_1D_1$ の頂点 A_1，B_1，C_1，D_1 の対面の重心をそれぞれ A_2，B_2，C_2，D_2 とし，この 4 点を結んで四

面体をつくる。これを限りなく繰り返すと，点列 A,A_1,A_2,A_3,…，B,B_1,B_2,B_3,…，C,C_1,C_2,C_3,…，D,D_1,D_2,D_3,…，はそれぞれある点に収束し，その点は一致する

【定義④】：四面体 ABCD の各頂点 A，B，C，D の対面の重心をそれぞれ A_1，B_1，C_1，D_1 とし，この 4 点を結んで四面体をつくる。四面体 $A_1B_1C_1D_1$ の頂点 A_1，B_1，C_1，D_1 の対面の重心をそれぞれ A_2，B_2，C_2，D_2 とし，この 4 点を結んで四面体をつくる。これを限りなく繰り返すとき，点列 A,A_1,A_2,A_3,…，B,B_1,B_2,B_3,…，C,C_1,C_2,C_3,…，D,D_1,D_2,D_3,…，が収束する点

命題④の証明を考えることは容易ではない。そこでまず，この定義の仕方を三角形の重心に戻して考えてみることにする。すなわち，次の命題について考える。

【命題④′】：△ABC の各頂点 A，B，C の対辺の中点をそれぞれ A_1，B_1，C_1 とし，この 3 点を結んで三角形をつくる。△$A_1B_1C_1$ の各頂点 A_1，B_1，C_1 の対辺の中点をそれぞれ A_2，B_2，C_2 とし，この 3 点を結んで三角形をつくる。これを限りなく繰り返すと，点列 A,A_1,A_2,A_3,…，B,B_1,B_2,B_3,…，C,C_1,C_2,C_3,…はそれぞれある点に収束し，その点は一致する

まずこの命題④′ を証明する。点 A，A_1，A_2 が同一直線上にあることを示すことによって，点列 A，A_1，A_2，…が 1 点に収束することを示す。

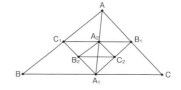

図3　中点を結ぶ

《証明》

　△ABC ∽ △AC_1B_1　で，相似の中心は点 A である。

また，点 A_1, A_2 は，それぞれ辺 BC, C_1B_1 の中点なので，対応する点である。

　よって，A, A_1, A_2 は同一直線上にあり，$\triangle ABC$ と $\triangle AC_1B_1$ の相似比は $2:1$ より，$AA_2:A_2A_1=1:1$ である。

　以上の結果から，点 $A, A_1, A_2, \cdots$ はすべて同一直線上にあり，

　線分 AA_1 の長さを 1 とすると，線分 $AA_n (n=1,2,3,\cdots)$ の長さ l_n は，

$$l_n = 1 - \frac{1}{2} + \left(\frac{1}{2}\right)^2 - \left(\frac{1}{2}\right)^3 + \cdots + \left(-\frac{1}{2}\right)^{n-1}$$

$$\therefore \quad \lim_{n \to \infty} l_n = \frac{1}{1 - \left(-\frac{1}{2}\right)} = \frac{2}{3}$$

　ゆえに，点列 $A, A_1, A_2, \cdots$ は，線分 AA_1 を $2:1$ に内分する点に収束する。

　この点は，$\triangle ABC$ の重心である。

　同様に，点列 $B, B_1, B_2, \cdots$，$C, C_1, C_2, \cdots$ も $\triangle ABC$ の重心に収束する。

　よって，命題④′が成り立つ。

　この証明をもとに命題④を示す。まず点 A, A_1, A_2 が同一直線上にあることを示すことによって，点列 $A, A_1, A_2, \cdots$ が 1 点に収束することを示す。

《証明》

　点 B_1，C_1，D_1 ではる平面と辺 AB，AC，AD の交点をそれぞれ P，Q，R とする。

　四面体 $ABCD \backsim$ 四面体 $APQR$ で，相似の中心は点 A である。

　また，点 A_1, A_2 は，それぞれ $\triangle BCD$，$\triangle PQR$ の重心なので，対応する点である。

　よって，点 A, A_1, A_2 は同一直線上にあり，四面体 $ABCD$ と四面体

APQR の相似比は 3：2 より，$AA_2：A_2A_1=2：1$ である。

以上の結果から，点 $A,A_1,A_2,\cdots$ はすべて同一直線上にあり，

線分 AA_1 の長さを 1 とすると，線分 AA_n の長さ L_n は，

$$L_n = 1 - \frac{1}{3} + \left(\frac{1}{3}\right)^2 - \left(\frac{1}{3}\right)^3 + \cdots + \left(-\frac{1}{3}\right)^{n-1}$$

$$\therefore \quad \lim_{n \to \infty} L_n = \frac{1}{1-\left(-\frac{1}{3}\right)} = \frac{3}{4}$$

ゆえに，点列 $A,A_1,A_2,\cdots$ は，線分 AA_1 を 3：1 に内分する点に収束する。

同様に，点列 $B,B_1,B_2,\cdots$，$C,C_1,C_2,\cdots$，$D,D_1,D_2,\cdots$，は，それぞれ線分 BB_1，CC_1，DD_1 を 3：1 に内分する点に収束する。

命題②より，これらの点は一致する。

以上により，命題④が証明された。

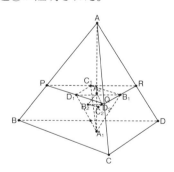

図4　各面の重心を結ぶ

3　考察

四面体の重視を定義する活動の価値として大きく以下の 4 点を挙げる。

1 点目は，候補となる定義が定義として妥当であることを示す活動が

内包されていることである。四面体の重心を定義する活動では，多様な定義を考えることができた。これ自体も価値であるが，さらに，どの定義においてもそれに関わる命題を推測し証明した。定義を考える際に，それが妥当であることを示すための命題もあわせて考える必要があるところに，四面体の重心を定義する活動の価値があると考える。

　2点目は，2(1)(2)(3)のように，多様な類推をすることができるということである。三角形の重心に関する要素のどこに着目し，それをどのように捉え，拡張するかによって，多様な四面体の重心の定義を考えることができた。特に2(3)では，中線に着目し，中線を「三角形の頂点を通り，面積を二等分する直線」と捉え，それを2通りの方法で四面体の場合に拡張した。その過程では，一度三角形に戻り，中線がどのように面積を二等分しているかということに着目した。そして，その捉え方の違いによって2通りの方法で考えることができた。三角形の重心から四面体の重心を多様に類推することができるということは，その過程において，着目した要素を様々な視点から捉える機会になるとういうことである。

　3点目は，重心に対する多様な見方をすることによって，重心の理解が深まることが期待されるという点である。2(1)で中点を線分の重心として捉えたことがその一つである。中点と三角形の重心の関係を考えたり，四面体の重心と統合的に捉えたりすることによって，中点を線分の重心として捉え，1次元における重心に関する新たな見方を獲得することが期待される。また，命題④を考える際に，一度三角形の重心を見直す活動をした。この活動によって，三角形の重心を各辺の中点を結ぶ三角形の極限として捉えることができるようになる。さらに本稿では取り上げなかったが，この見方を発展させ，△ABCの辺AB，BC，CAをm：nに内分する点を頂点とする三角形の重心を考えることもできる。このように，四面体の重心を定義する活動を通して，重心に対して様々

な見方をすることができるようになる。

　4点目は，複数の定義の候補の中から適当な定義を考える活動につなげることができるという点である。本稿では4つの定義を考えた。それらのどの定義でも重心は一致している。そこで，三角形の重心の定義との関係や，できるだけ短い表現といった観点から適当な定義を考えることになるだろう。また，証明③と証明④では，それぞれ命題①，命題②を根拠にしている。本稿では，命題①から④の順に記述したが，授業で扱うことを想定すると，それぞれを証明することになる。すなわち，それぞれの定義や命題を比較検討する際に，命題③④と命題①②の関係を考えることになる。このように，推測した命題群の間の関係について考察することも，複数の定義の候補から1つに絞る際の重要な活動として位置付けることができる。

付記
2(3)における中線の解決は，当時院生の大渕拓海氏からも助言を頂いた。

〔引用・参考文献〕
太田伸也（1995）．生徒に幾何の世界を構成させる図形指導―ディベート「凹四角形の外角の和は360°である」を取り入れて―．日本数学教育学会誌，77（5），99-107．
島田茂（1990）．教師のための問題集．共立出版．
清水美憲（2000）．数学的定義の構成活動による定義の役割の理解に関する研究―教授実験を通して―．日本数学教育学会誌数学教育学論究，73・74，3-26．

空間ベクトルの指導についての一考察
—法線ベクトルの扱いに着目して—

1 はじめに

　高等学校で空間ベクトルを扱う目的は次の2点に集約されると考える。

(i) 図形の探究の幅を広げる

(ii) 平面ベクトルで学ぶ事項と空間ベクトルで学ぶ事項の対比を通して次元によらないというベクトルのよさを理解する

　平成30年告示の学習指導要領においても，ベクトルの単元の内容のうち空間ベクトルに関わるものとして挙げられているのは，「ベクトルの内積及びその基本的な性質について理解するとともに，ベクトルやその内積の基本的な性質などを用いて，平面図形や空間図形の性質を見いだしたり，多面的に考察したりすること」（文部科学省，2019a，p.101）および「座標及びベクトルの考えが平面から空間に拡張できることを理解すること」（同 p.101）の2つである。これらは (i)，(ii) の目的に資するものとなっている。

　学習指導要領解説において，(i) に関して具体的にどのような図形の探究を行うべきかについては「正四面体 OABC において，OA ⊥ BC を示すことなどが考えられる」（文部科学省，2019b，pp.118-119）との言及があるのみである。また，熊倉（2004）は高校でベクトルを学ぶ意義について「いくつかある図形探究の方法の中で，これまで学んだ初等幾何あるいは座標幾何（解析幾何）による方法とは異なる方法の1つとして，ベクトルを学ぶ」（p.339）とまとめる一方で，「空間図形に関わるベクトル教材について，指導系列も含めて検討を加える」（p.342）ことを今後の課題として挙げている。これらのことから，空間ベクトルの単元でどのような図形の探究を扱うべきかということは，研究上の課題

があるといえる。

　（ii）については学習指導要領解説に「空間のベクトルも平面のベクトルと同様の演算法則が成り立つことを理解できるようにする」,「ベクトルの加減や内積などの成分による表し方を，平面の場合から類推し，統合的・発展的に考察する」（文部科学省，2019b，p.119）との記述がある。これらに加え，空間ベクトルを学ぶことで平面ベクトルにおいて学習した事項の意味を捉え直すという経験をさせることで，次元によらないというベクトルの考えのよさを理解できると考える。

2　法線ベクトルへの着目

　（i），（ii）の目的を達成するために，法線ベクトルが重要な役割を果たすことを述べる。

　まず（i）について，空間ベクトルで図形の探究の幅を広げるには3次元における基本的な図形である平面を扱うことが不可欠であり，これによって空間上の点，直線，平面に関係する様々な事項を学ぶことができる。平面を扱うためには，有向線分として定義されたベクトルを用いて平面を特徴づけることが必要になる。この際に法線ベクトル，つまりその平面上の一次独立な2つのベクトル両方に垂直なベクトルを用いるというのは強力な方法である。教科書においても，具体的に与えられた一次独立な2つのベクトル両方と垂直なベクトルを求める問題は頻出であるが，このような問題を解くだけでは2つのベクトルに垂直なベクトルを考える必要性は感じないし，与えられた2つのベクトルがなす平面に垂直なベクトルを求めているという認識をもつ必要もない。ではどのようにすれば平面を特徴づけるベクトルとして法線ベクトルに焦点を当てることができるかということが本研究における問いの1つである。

　次に（ii）については，先に述べたように，平面のベクトルで学んだ演算が空間ベクトルにおいても同様の形で表現できるということにとど

まらず，空間ベクトルを学ぶことによって平面ベクトルにおいて学んだ事項の意味を捉え直すという経験をさせたい。このようにすることで，次元によらないというベクトルのよさを理解させることができると考える。空間ベクトルを学ぶことでその意味を捉えられるというものの最たる例が法線ベクトルである。

平面においては，ある点 $A(\vec{a})$ を通って方向ベクトルが $\vec{u}$ である直線のベクトル方程式が，

$$\vec{p} = \vec{a} + t\vec{u} \ (t \text{ は実数})$$

と表されることを学んだ後に，点 $A(\vec{a})$ を通って $\vec{u}$ に垂直である直線のベクトル方程式が，

$$\vec{n} \cdot (\vec{p} - \vec{a}) = 0$$

と表されることを学び，初めて法線ベクトルという概念を学ぶ。しかし，平面ベクトルだけを扱っている限り法線ベクトルの役割は明確にならない。なぜならば，直線を表そうとすれば通る点と傾きが必要になるが，傾きを素直に表現するのは方向ベクトルであり，直線と垂直なベクトルによって直線を特徴づける意味は明らかにならないからである。すなわち，平面ベクトルだけを学んでいたのでは，法線ベクトルは方向ベクトルの代わりであるというような理解にしかならないと考えられる。しかし，次元を上げて平面を考察対象にしようとするときに，方向ベクトルは平面に対して意味のあるように定めることができず，ここで法線ベクトルのもつ役割が明確になる。つまり，平面は法線ベクトルによって特徴づけられることがわかるのである。

成分を使って言えば，平面において法線ベクトルの1つが (a, b) であるような直線の方程式が，

$$ax + by + c = 0 \ (c \text{ は定数})$$

で表されることを学んでも，この方程式は直線の傾きから簡単に導けるために法線ベクトルのよさは感じられない。しかし，空間において表し

方を知らない平面の方程式が，法線ベクトルの1つを (a, b, c) とした
ときに，

$$ax+by+cz+d=0（d は定数）$$

と表せるということをもって，法線ベクトルの有用性を感じその役割を
認識することができるのである。

　このように空間における平面の法線ベクトルの役割を認識し，このこ
とから平面における直線のベクトル方程式を見直したり，後述する面積
の公式を捉え直したりすることで，次元によらないというベクトルのよ
さを理解できると考える。

3　法線ベクトルへのアプローチ

⑴　法線ベクトルに焦点を当てる教材―四面体の体積の求積―

　ここまで（i），（ii）の目的を達成するために法線ベクトルが重要な役
割を果たすことを述べてきたが，どのような教材を用いれば平面を特徴
づけるベクトルとして法線ベクトルを捉えられるようになるであろう
か。先行研究として，川崎（1991）は「高校生にも無理のないベクト
ル積の説明がなされるべきである」（p.38）という主張のもと，コーシー
の不等式との関連性を考えることから，平面の法線ベクトルの1つであ
る外積を高校数学の範囲で扱えることを述べているが，数学的活動を通
して平面の法線ベクトルに焦点を当てるような流れは示されていない。

　本研究では，「四面体の体積を求める」という空間図形における素朴
な問題から数学的活動を通して平面の法線ベクトルに焦点を当て，その
有用性を理解させるという教材を提案する。四面体の体積を求めるとい
う活動は，これ自体も空間図形ならではの図形の考察の一つであるとい
うことができる。数学Iで三角比を学んだ後にも四面体の体積を求める
場合もあるが，この際に扱うのは正四面体など底面の面積と高さが求め
やすい特殊な四面体のみである。また，数学Bの教科書にも空間ベク

トルの単元において，4点の座標からその4点がつくる四面体の体積を求めるような問題が載せられているものもあるが，これも体積が求めやすいような特殊な四面体のみである。

　これに対して本研究で提案するのは一般の四面体の体積の求積である。平面において3点の座標が与えられたときにその3点を結んででできる三角形の面積を求めることと同じように，空間において4点の座標が与えられたときにその4点を結んでできる四面体の体積を求めるということは解決の必然性がわかりやすい課題であり，空間ベクトルを学んだからこそ解決ができる価値のあるものであると考える。このような解決の必要性がわかりやすい課題から，数学的活動を通して平面の法線ベクトルに焦点を当てることができるということが本研究における主張である。

(2)　**教材の詳細**

　扱う問題は次の通りである。

O$(0, 0, 0)$，A$(3, 4, -1)$，B$(-2, 2, 1)$，C$(0, 2, 3)$ のとき，四面体OABCの体積を求めよ。……(＊)

　この問題を扱うにあたって，事前に$\triangle$OABの面積を求めるという問題を解決しておく。すると，$\triangle$OABを底面とみたときの四面体の高さを求めるという活動に焦点が当てられる。

　既習を活かした高さの求め方としては，点Cから$\triangle$OABに下ろした垂線の足をHとし，$\overrightarrow{OH} = s\overrightarrow{OA} + t\overrightarrow{OB}$ と表して，$\overrightarrow{OA} \cdot \overrightarrow{CH} = 0$，$\overrightarrow{OB} \cdot \overrightarrow{CH} = 0$ から実数s，tを求めることによって点Hの座標を求めるということが考えられる。しかし，このようにして点Hの座標を求めようとすると計算が煩雑になり，その座標 $\left(-\frac{240}{233}, \frac{506}{233}, \frac{139}{233}\right)$ を正しく求めることは容易ではない。計算をすると，四面体の体積自体は$\frac{20}{3}$と点Hの座標の

ように複雑にはならないこと，また高さを求めるには点 H の座標を求める必要はないことから，高さを求めるもっと簡便な方法はないかということを問い，法線ベクトルに焦点を当てていく。

　既習として，1 次独立な 2 つのベクトル両方に垂直なベクトルを求めること，およびベクトルの内積を用いて正射影ベクトルの大きさが表現できることの理解がなされていれば，図 1 のように $\overrightarrow{\mathrm{OA}}$，$\overrightarrow{\mathrm{OB}}$ の両方に垂直なベクトル $\vec{n}$（つまり平面 OAB の法線ベクトル）を求め，内積 $\overrightarrow{\mathrm{OC}} \cdot \vec{n}$ を計算すれば，四面体の高さを OC′ すなわち $\dfrac{\vec{n} \cdot \overrightarrow{\mathrm{OC}}}{|\vec{n}|}$ の絶対値として求められるという発想に至るであろう。

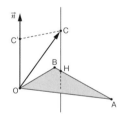

図 1　$\overrightarrow{\mathrm{OC}}$ の $\vec{n}$ への正射影ベクトルの大きさが高さ

四面体の高さが $\left| \dfrac{\vec{n} \cdot \overrightarrow{\mathrm{OC}}}{|\vec{n}|} \right|$ で表されることがわかれば，体積は，

$$\frac{1}{3} \times \Delta \mathrm{OAB} \times \left| \frac{\vec{n} \cdot \overrightarrow{\mathrm{OC}}}{|\vec{n}|} \right| = \frac{1}{3} \times \frac{\sqrt{233}}{2} \times \frac{40}{\sqrt{233}} = \frac{20}{3} \cdots\cdots ①$$

と求めることができる。$\left| \dfrac{\vec{n} \cdot \overrightarrow{\mathrm{OC}}}{|\vec{n}|} \right|$ は $\Delta \mathrm{OAB}$ を底面としたときの四面体の高さを表すのであるから，今度は点 C を動点として考え，正の定数 k に対して，

$$\left| \frac{\vec{n} \cdot \overrightarrow{\mathrm{OC}}}{|\vec{n}|} \right| = k$$

という方程式を考えれば，これは平面 OAB との距離が k であるような集合，すなわち平面を表しているということがわかる。これを成分で計算することにより，$\vec{n} = (a, b, c)$ を法線ベクトルにもつ平面の方程式は，

$$ax+by+cz+d=0 \quad (d \text{ は定数})$$

と表されるということが導ける。

さらにこれを一般化して A (a_1, a_2, a_3)，B (b_1, b_2, b_3) とし，平面 OAB の法線ベクトルの1つを求めれば，$\overrightarrow{\mathrm{OA}}$ と $\overrightarrow{\mathrm{OB}}$ の外積 $\overrightarrow{\mathrm{OA}} \times \overrightarrow{\mathrm{OB}}$ の成分が導かれ，この大きさが△OAB の2倍となっていることも確認できる。

⑶ 平面ベクトルで学習した事項を捉え直す

四面体 OABC の体積を求めるにあたって，△OAB を底面とみて，その法線ベクトル $\vec{n}$ に対して $\left| \dfrac{\vec{n} \cdot \overrightarrow{\mathrm{OC}}}{|\vec{n}|} \right|$ を高さとみたという経験からベクトルを用いた三角形の面積の求積を見直してみる。

平面ベクトルの学習において，$\overrightarrow{\mathrm{OA}} = (a_1, a_2)$，$\overrightarrow{\mathrm{OB}} = (b_1, b_2)$ と表されるとき，△OAB の面積は，

$$\triangle \mathrm{OAB} = \frac{1}{2} \left| a_1 b_2 - a_2 b_1 \right| \quad \cdots\cdots (\#)$$

と求められることを学ぶ。△OAB の面積が最終的に $\overrightarrow{\mathrm{OA}}$ と $\overrightarrow{\mathrm{OB}}$ の成分を用いて非常に簡単な式で表されるということは美しい結果で，実用上も便利であるが，導かれた式（#）の意味を解釈するということは通常はなされない。しかし四面体の求積を行った後であれば，（#）の意味を解釈することは難しくない。

四面体 OABC の体積の求積において△OAB を底面とみて，高さを平面 OAB の法線ベクトルを用いて求めたのと同様にして，△OAB の面積の求積においては OA を底辺とみて，高さを直線 OA の法線ベクトルを用いて求めればよいのである。$\overrightarrow{\mathrm{OA}} = (a_1, a_2)$ の法線ベクトルの1つは $\vec{n} = (-a_2, a_1)$ と表せるから，OA を底辺とみたときの高さは，図2で示す通り $\overrightarrow{\mathrm{OB}}$ の $\vec{n}$ への正射影ベクトル $\overrightarrow{\mathrm{OB}}$ の大きさ，つまり $\left| \dfrac{\vec{n} \cdot \overrightarrow{\mathrm{OB}}}{|\vec{n}|} \right|$ と表されることがわかる。

さらに，$|\vec{n}| = |\overrightarrow{\mathrm{OA}}|$ であることから，△OAB の面積は，

$\frac{1}{2} \mathrm{OA} \times \mathrm{OB}' = \frac{1}{2} |\overrightarrow{\mathrm{OA}}| \times \left| \dfrac{\overrightarrow{\mathrm{OB}} \cdot \vec{n}}{|\vec{n}|} \right| = \frac{1}{2} |\overrightarrow{\mathrm{OB}} \cdot \vec{n}| = \frac{1}{2} |(b_1, b_2) \cdot (-a_2, a_1)| = \frac{1}{2} |-a_2 b_1 + a_1 b_2|$

となる。つまり，（#）の $a_1 b_2 - a_2 b_1$ は，$\overrightarrow{\mathrm{OB}}$ と，$\overrightarrow{\mathrm{OA}}$ と大きさが等しい

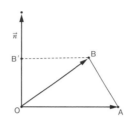

図2　$\overrightarrow{\mathrm{OB}}$ の $\vec{n}$ への正射影ベクトルの大きさが高さ

$\overrightarrow{\mathrm{OA}}$ の法線ベクトルの1つ $\vec{n}$ の内積として解釈できるのである。

　このように空間ベクトルの学習を終えた後に平面ベクトルで学習した事項を捉え直す活動を行うことで，次元によらないというベクトルのよさを理解することができると考えられる。法線ベクトルは空間ベクトルの学習で初めてその有用性がわかるものであるから，平面ベクトルで学習した事項を法線ベクトルという観点から捉え直すという活動には価値があるといえる。

4　法線ベクトルに焦点を当てた授業の実際

　都内国立大学附属高校の2年生38名を対象に，法線ベクトルに焦点を当て，その有用性を理解することを目的とした，四面体の体積を求める授業の実践を行った。まず第1時では，（＊）のO, A, Bに対して△OABの面積を求める問題を全体で扱い解答を確認した後，四面体OABCの体積を求める問題（＊）を提示し，15分程度自力解決の時間を取った。そのワークシートを分析したところ，ほぼ半数に当たる20名が，点Cから△OABに下ろした垂線の足Hの座標を求めようとしていた。その他の生徒は図形的に求積する，方針が読み取れないといったものであった。

　この結果を受け，第2時では点Hの座標を求める解法を紹介し，解

答まで共有した上で，この計算が大変であることからもっと簡単に計算できる方法はないかを問うた。法線ベクトルへの着目につながる発言としては次の2つがあった（Tは教師の発言，Y，Kは異なる生徒の発言を表している）。

Y：HCの長さをそのままで，Hの場所をOの方に寄せればいいんじゃないかなあと。

T：おー。なんで寄せるの？

Y：いや，そろった方がやりやすいかと。

T：これをこのまま，こっちに持ってくる感じ？そしたらCはどうなるの？

Y：Cは真上に。

T：真上にこういく。C′とかしておこうか。そうしたらもうちょっと求めやすい？

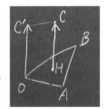

K：わかんないですけど，COHを結んで，△COHのそこをθにして。

T：そうするとOCsinθってこと？　これでOCsinθ。同じようにやるとこうだよね。でもさ，ここの角ってちょっときつくない？　HがわかってなくてCOHを求めるって難しいよね。もうちょっといい角ない？

（中略）

T：ちょっとここ（∠COH）は求まりそうにないから，ここ（∠OCH）をθとしたら高さは？

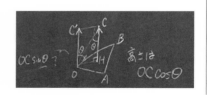

222

K：OCcos θ

　Yの発言は，法線ベクトルに直接つながるもので，実際，授業ではこの発言を受けて $\overrightarrow{OC'}$ が平面 OAB の法線ベクトルであることを確認し，$\overrightarrow{OC'} = \vec{n}$ の成分を求めるという活動に移った。さらにその後，本来はこれを使って，内積を考えることで高さが求まるというところも生徒に見いださせたかったが，「内積を使って正射影ベクトルの大きさが求められる」ということの指導が十分でなかったためかこれを見いだすことが困難で，最終的には教師が引っ張る形で高さが $\left|\dfrac{\vec{n} \cdot \overrightarrow{OC}}{|\vec{n}|}\right|$ となることを紹介した。

　また K の発言は，$\angle OCH = \theta$ として高さを $|OCcos\theta|$ と表すことで，点 H の座標を計算することなく高さが求まるという方法を示唆するものであった。実際，

$$\left|\overrightarrow{OC}\right| \cos \theta = \left\|\overrightarrow{OC}\right| \dfrac{\vec{n} \cdot \overrightarrow{OC}}{|\vec{n}||\overrightarrow{OC}|}\right| = \left|\dfrac{\vec{n} \cdot \overrightarrow{OC}}{|\vec{n}|}\right|$$

であり，これを解釈し直せば，$\cos \theta$ を求めなくても結局法線ベクトル $\vec{n}$ が求まれば高さを求めることができるということになる。内積と正射影ベクトルの理解がなされていない状態では，こちらの展開を取った方がよかった。

　このあと，第3時において四面体の体積の求積を振り返って，法線ベクトルによって平面が特徴づけられることを確認した後，平面の方程式，点と平面の距離を扱った。

5　まとめと今後の課題

　空間ベクトルの学習における（i），（ii）の目的を達成するために法線ベクトルが重要な役割を果たす。したがって，生徒が活動を通して法線ベクトルに焦点を当てる場面を創出すべきであるが，そのための教材と

して，（＊）で示したような四面体の体積の求積は適当な題材であると言える。

　この問題の解決において，ΔOAB を底面とみたときの高さを求める際には，点 C から平面 OAB に下ろした垂線の長さを直接求めるという方法を取る生徒が多い。そこから法線ベクトルを用いた解法に至るのは簡単なことではないが，平行移動を使う，三角比を用いて高さを表すといういずれも法線ベクトルに焦点を当てることにつながるアイデアが生徒から出されていた。これらのアイデアを活かして法線ベクトルに着目することで四面体の高さを煩雑な計算なしに求められ，さらに法線ベクトルが平面を特徴づけているということの理解へとつなげることができる。

　法線ベクトルを用いた解法につながるアイデアをこれ以前の学習のどこに位置付けるか，また法線ベクトルを求めた後には正射影ベクトルの大きさとして高さを表すが，平面ベクトルの学習で正射影ベクトルをいかに位置付け意識させられるように単元を設計できるかということは今後の課題である。

〔引用・参考文献〕
川崎宣昭（1991）．高等学校『代数・幾何』教材におけるベクトル積の位置付けに関する一考察．日本数学教育学会誌，73（3），98-105.
熊倉啓之（2004）．学ぶ意義を実感させるベクトルの指導に関する研究—中学と高校の接続を重視して—．数学教育論文発表会論文集，37，337-342.
文部科学省（2019a）．高等学校学習指導要領（平成 30 年告示）．学校図書.
文部科学省（2019b）．高等学校学習指導要領（平成 30 年 7 月告示）解説　数学編　理数編．学校図書.

高校生に対する確率の実験導入による授業実践

佐藤 秀則

1　はじめに

　筆者の修士論文のテーマは「中学生における確率の意味理解に関する研究―復元抽出の試行を題材にした授業を通して―」だった。

　修士論文のもとになった実際の授業記録について，中学校2年生対象に調査授業を行った。この調査授業では次の（課題1)，（課題2）を扱った。

（課題1)
袋の中に同じ大きさの1〜10まで書かれたカードが入っている。
袋の中から1枚取り出して，書かれた数字を確認してから袋に戻す。
これを3回繰り返す。3回繰り返すと，
1回目9，2回目1，3回目3でした。
（実際に筆者が袋からカードを取り出し，数字を確認してから元に戻す。3回繰り返したら1回目9，2回目1，3回目3が出た。)
4回目を行うと，偶数，奇数，どちらが出やすいか。
（課題2)
もしこの後（（課題1）における実験（作業）を）100回，1000回，1500回，2000回……と繰り返していくと，偶数もしくは奇数の出る回数はどのようになるでしょうか。予想を記入してください。

　実際の調査授業は，（課題1）について全体で考えさせ，生徒から意見を聞いた後，6グループに分かれ（課題1）の実験に取り組ませた。そこで偶数，奇数が出た回数を集計し，教室全体で確認した後（課題2）を考えさせた。

調査授業では，確率の意味の理解について次の2つの様相が見られた。

　1つ目は1回の試行における事象の起こりやすさとその確率とは別の判断をしているということである。（課題1）のように3回連続奇数が出ると，4回目は偶数が出やすいと考えてしまう。確率が等しい（1/2）と認めていても，2つの起こりうる結果（偶数，奇数）のうち，どちらか一方が連続して起こると，その次はもう一方が起こると考えてしまうことがうかがえた。

　2つ目は多数回試行の実験によって相対度数がある一定の値に近づくと考えている生徒でも，有限回の試行の中で，起こり方に偏りがあると，不自然に感じてしまうということである。これは（課題1）における実験時に，奇数が続けて出てきたときに生徒が袋からカードをすべて取り出し，すべてのカードが入っているか確認する様子が見られたことからうかがえた。

　また確率の意味を理解していくときに実験が必要であることを確認した。

　実験を繰り返すと，ある事象の相対度数がある一定の値に近づくことを体験的に理解することができる。一方である部分だけ見ると相対度数は途中で偏りながらもある一定の値に近づいていく。実験を通じて，この一部に偏りがあることを体験的に理解していくことが，確率の意味を理解していくために有効である。

　そして，実験中「あり得ねえ，絶対あり得ない」と言って2度も袋の中身を確認した生徒がいた。さらに「ピンポン玉だったらよく混ぜられるからバラバラになるのに」と発言していた生徒もいた。これらは「生徒が「同様に確からしい」ということを理解する」という点で，蓋然事象の意味の理解に通ずる。このような生徒の活動を生かして，教室全体で議論に持ち込むことで蓋然事象の捉え方，確率の意味の理解を図る指

導を具体的に実践することを今後の課題とし，筆者は修士論文でまとめた。

2　本研究の目的

中学校2年で，確率を学習する。確率の学習で最初の部分では起こりうるすべての場合が同様に確からしいとした上で，数学的確率を求める。

今回授業の対象になった生徒は高校1年生で，中学校で数学的確率に関する内容を学習した状態である。

高等学校では確率の導入部分における実験を通じて，ある根元事象の相対度数が一定の値に近づいていくことを体験的に生徒に理解させ，根元事象が同様に確からしいということを確認することで，数学的確率が求められる。

今回は高校1年生対象に「確率」の導入場面で実験を行った。実験やその結果を受け，教室全体で議論し高校生たちが「同様に確からしい」ということに対してどう把握していくのか確認することを目的として授業実践を試みた。

3　高校1年　数学A「確率」の導入場面での実験とそのグラフ

⑴　同じ形のサイコロを利用した実験

（2018年11月　高校1年次数学Aの授業にて実施）

次の実験方法において実施した。

（実験方法）

①2人1組になって10分間，サイコロを振る。出た目の回数を集計する。

②班ごとに集計結果を聞いていき，合計を集約。

出た目の回数の合計／全体回数の合計（累積相対度数）の変遷を調べる。

今回は，1〜6の出た目の相対度数の変遷を調べる。

集計結果は，その場で報告し，最後に集計し，グラフをスクリーンに映した。

実験結果については，以下の図1のようにまとまった。

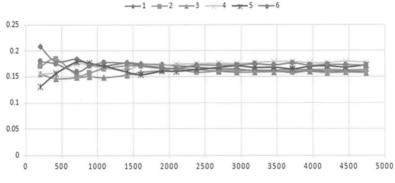

図1　サイコロ（1〜6）相対度数の変遷（2018年実施）

最初授業で生徒全員に「今までサイコロを使った確率の実験やったことがあるか」と尋ねたところ，誰も手を挙げなかった。

さらに「やった。△出た！！」「次は○」（○はサイコロの目。特に出てこない目）という生徒のつぶやきがあった。

さらに翌年，2019年高校1年に同じように実験を行った。

今度はサイコロだけでなく，ボール，コイン投げも一緒にやってみた。

(2) 再度「同様に確からしい」ことの確認実験

（2019年11月　高校1年次数学の授業にて実施）

（実施の流れ：2日にまたいで2時間連続）

1時間目：視聴覚室にて実施。

（実験方法）以下の実験グループに分かれて実施

サイコロ　1〜6

サイコロ　偶数（2・4・6）と奇数（1・3・5）

サイコロ　3の倍数（3・6）と3の倍数でない（1・2・4・5）

ボール（赤・青・黄・緑）：箱の中に入れ，手で3回かき回し，1個取り出す

コイン投げ　（表・裏）（2グループ；それぞれ違うコインで実施）

　実施の際は，相対度数の変化をリアルタイムで確認できるように50回ごとに生徒は教員に報告。教員はデータ入力し，その都度教員がデータを更新していった。グラフ等をスクリーンに提示しながら，事象の相対度数の変化を生徒たちに見せた。

2時間目：教室にて実施（導入部分で相対度数の変化確認）。

　前回の授業時の実験結果をまとめ，再度事象の相対度数がある一定の値に近づくことを確認。前回の授業の相対度数のグラフを作成し，資料（図2〜図7を提示したもの）にしてまとめた。再度，「同様に確からしい」ことについて筆者が説明し，中学校で学習した確率の求め方を確認した上で，確率の計算の仕方の授業を進めた。実験結果は，それぞれ図

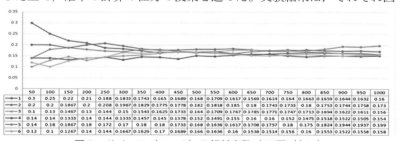

	50	100	150	200	250	300	350	400	450	500	550	600	650	700	750	800	850	900	950	1000
1	0.3	0.25	0.22	0.21	0.188	0.1833	0.1743	0.165	0.1689	0.168	0.1709	0.1617	0.1569	0.1614	0.164	0.1663	0.1659	0.1644	0.1632	0.16
2	0.2	0.2	0.1867	0.2	0.208	0.1967	0.1829	0.1775	0.1778	0.185	0.1818	0.185	0.1743	0.1733	0.18	0.1753	0.1744	0.1758	0.1737	0.173
3	0.1	0.13	0.1467	0.2	0.144	0.15	0.1543	0.1625	0.1733	0.164	0.1709	0.1767	0.1785	0.1771	0.1747	0.1713	0.1694	0.1622	0.1611	0.156
4	0.14	0.14	0.1333	0.14	0.144	0.1378	0.1457	0.145	0.1378	0.155	0.16	0.16	0.16	0.1512	0.1475	0.1518	0.1522	0.1505	0.154	
5	0.14	0.18	0.1867	0.18	0.172	0.17	0.18	0.18	0.1733	0.168	0.1636	0.1617	0.1708	0.1757	0.18	0.175	0.1824	0.1944	0.1937	0.199
6	0.12	0.1	0.1267	0.14	0.152	0.1467	0.1629	0.17	0.1644	0.166	0.166	0.16	0.1553	0.1538	0.1536	0.156	0.16	0.156	0.1558	0.158

図2　サイコロ（1〜6）の相対度数（50回ごとに）

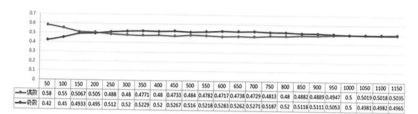

図3　サイコロ　偶数と奇数の相対度数（50回ごとに）

	50	100	150	200	250	300	350	400	450	500	550	600	650	700	750	800	850	900	950	1000	1050	1100	1150
偶数	0.58	0.55	0.5067	0.505	0.488	0.48	0.4771	0.48	0.4733	0.484	0.4782	0.4717	0.4738	0.4729	0.4813	0.48	0.4882	0.4889	0.4947	0.5	0.5019	0.5018	0.5035
奇数	0.42	0.45	0.4933	0.495	0.512	0.52	0.5229	0.52	0.5267	0.516	0.5218	0.5283	0.5262	0.5271	0.5187	0.52	0.5118	0.5111	0.5053	0.5	0.4981	0.4982	0.4965

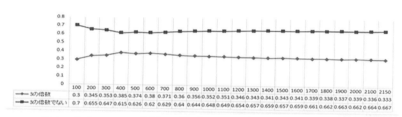

図4　サイコロ　3の倍数と3の倍数でない相対度数（100回ごとに）

	100	200	300	400	500	600	700	800	900	1000	1100	1200	1300	1400	1500	1600	1700	1800	1900	2000	2100	2150
3の倍数	0.3	0.345	0.353	0.385	0.374	0.38	0.371	0.36	0.356	0.352	0.351	0.346	0.343	0.341	0.343	0.341	0.339	0.338	0.337	0.336	0.336	0.333
3の倍数でない	0.7	0.655	0.647	0.615	0.626	0.62	0.629	0.64	0.644	0.648	0.649	0.654	0.657	0.659	0.657	0.659	0.661	0.662	0.663	0.662	0.664	0.667

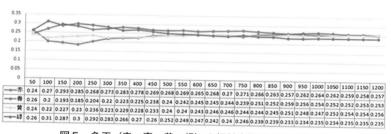

図5　色玉（赤・青・黄・緑）の相対度数（50回ごとに）

	50	100	150	200	250	300	350	400	450	500	550	600	650	700	750	800	850	900	950	1000	1050	1100	1150	1200
赤	0.24	0.27	0.293	0.285	0.268	0.273	0.283	0.278	0.269	0.268	0.269	0.265	0.268	0.27	0.271	0.266	0.265	0.257	0.262	0.264	0.262	0.259	0.258	0.257
青	0.26	0.2	0.193	0.185	0.204	0.22	0.223	0.225	0.238	0.24	0.242	0.245	0.245	0.244	0.239	0.251	0.252	0.259	0.256	0.254	0.252	0.252	0.253	0.253
黄	0.24	0.22	0.227	0.23	0.236	0.23	0.228	0.228	0.24	0.246	0.246	0.244	0.244	0.245	0.251	0.248	0.247	0.252	0.254	0.254	0.256			
緑	0.26	0.31	0.287	0.3	0.292	0.283	0.266	0.27	0.26	0.252	0.249	0.247	0.242	0.24	0.246	0.239	0.233	0.239	0.234	0.235	0.234	0.235	0.235	0.235

図5　色玉（赤・青・黄・緑）の相対度数（50回ごとに）

図6　コイン（表・裏）の相対度数（50回ごとに）

	50	100	150	200	250	300	350	400
表	0.42	0.44	0.4666667	0.455	0.46	0.4533333	0.4485714	0.455
裏	0.58	0.56	0.5333333	0.545	0.54	0.5466667	0.5514286	0.545

図6　コイン（表・裏）の相対度数（50回ごとに）

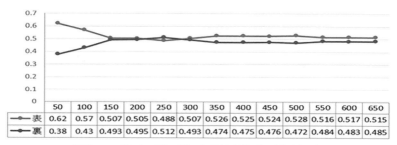

	50	100	150	200	250	300	350	400	450	500	550	600	650
表	0.62	0.57	0.507	0.505	0.488	0.507	0.526	0.525	0.524	0.528	0.516	0.517	0.515
裏	0.38	0.43	0.493	0.495	0.512	0.493	0.474	0.475	0.476	0.472	0.484	0.483	0.485

図7　コイン2（表・裏）の相対度数（50回ごとに）

2～図7のグラフのようにまとまった。

　この授業を実践したときも，中学校で確率を勉強したときに実験したことがあるか生徒たちに聞いてみたところ，実験した生徒はいなかった。実際に実験してみて，試行回数はそれぞれバラバラだが，図2～図7のように，ある事象の相対度数が一定の値に近づいていくことを自分たちで体験して，その結果をグラフで見ることで確認できた。

4　まとめと今後の課題

　今回の授業実践では，中学校で数学的確率の計算の仕方は学習していても，確率の導入部分における実験等は中学校で経験がない高校生を対象とすることとなった。

　また3-1で「やった。△出た！！」「次は○」（○はサイコロの目。特に出てこない目）という生徒のつぶやきがあったことから，確率と実際の結果とを別に把握していると思われる。

　3(1)，3(2)，図1～図7のように，生徒たちは実験を通じて「ある事象の相対度数が一定の値に近づく」ことを実際に確認することはできた。高等学校で確率の導入部分での相対度数の変遷をたどる実験は，相対度数がある一定の値に近づくことを体験的かつ視覚的に把握する上で有効な手段と考えられる。

しかし残念ながら今回の授業実践では，実験を行って結果を振り返って終わりという感覚で，教室全体で「同様に確からしい」ことについて議論できなかった。

　高等学校において，実験を行うだけでなく，「同様に確からしい」ということを改めて教室全体で議論しながら，確率の意味を理解していく具体的な指導を実践していくことが今後の課題である。

〔**参考文献**〕

小林廉（2017）．「数学科」を実現することの価値に関する一考察―単元「確率」における「プロ野球・日本シリーズ」問題の実践」―．数学教育学の礎と創造．藤井斉亮先生ご退職記念論文集編集委員会，東洋館出版社．

枡元新一郎（2019）．新学習指導要領の趣旨を踏まえた統計指導の在り方．高数研数学教育研究会誌，56，12-29．

佐藤秀則（2006）．中学生における確率の意味理解に関する研究―復元抽出の試行を題材にした授業を通じて―．弘前大学大学院教育学研究科　修士論文抄録，11，77-80．

統計的探究プロセスの指導に関する一考察
—統計的探究におけるプロセススキルとその水準の提案—

新井 健使

1 はじめに

平成30年告示の高等学校学習指導要領解説では，数学Ⅰ「データの分析」の指導について，次のように述べられている。

　小学校，中学校の「データの活用」領域においては，「問題—計画—データ—分析—結論」の五つの段階からなる統計的探究プロセスを意識した，統計的な問題解決の活動が大切にされている。（略）
　「数学Ⅰ」においても，可能な範囲で具体的な問題の解決を通して，このような統計的探究プロセスを経験させるようにする。（pp.45-46）

この表記から，小中高を通して，統計的探究プロセスを軸とした統計的問題解決の活動を取り入れた授業が求められていることがわかる。とはいえ，このような授業は，過去にも多く実践されている。しかしながら，時間数や複雑な文脈，学習指導要領で示されている統計的な内容との兼ね合いなど，様々な視点から，指導の問題が指摘されている。本稿では，そのような問題点に対し解決を図っている先行研究の文献解釈による考察を通して，統計的探究プロセスの指導の一つの方向性を提案することを試みる。

2 プロセスを重視した指導へ向けて

平成29・30年告示の学習指導要領では，数学的活動が小中高すべての校種に位置付けられ，学習過程がより一層重視されるようになった。諸外国の「プロセススタンダード」ほど明確ではないものの，それに準

じる形で意図されたカリキュラムに位置づいたと捉えることができる（清水，2017）。すなわち，算数・数学教育において，知識や技能だけでなく，そこに至るまでの過程やそれらを活用していくプロセスにより重点が置かれていることがわかる。

統計については，先に述べたように「問題―計画―データ―分析―結論」といった統計的探究プロセスを重視することが学習指導要領に明記されている。この統計的探究プロセスは，統計教育で広く知られているPPDACサイクル（表1）と同等であるとみなすことができる。プロセス重視の全体的な方針を鑑みれば，児童生徒らが統計的探究プロセスを遂行できるように指導をする必要がある。

表1　PPDACサイクル

Problem（問題）	問題の把握と設定 問題に対する仮説の設定
Plan（計画）	データの想定 データ収集の仕方の検討
Data（データ）	実際のデータ収集 データの整備・クリーニング
Analysis（分析）	データの分類・層別 表やグラフの作成 パターンの探究
Conclusion（結論）	解釈・結論付け（仮説の検証） 新たなアイデアの想定

PPDACサイクルはもともとWild&Pfannkuch（1999）によって提唱された統計的思考のモデルであるから，厳格に則らなければならないわけでもなく，また一方通行に進むものでもないことに注意したい。例えば，Dataの相において何か不都合なことが明らかになれば，Planに戻って再考することもあり得るということである。統計の指導の際には，このサイクルに沿いながら，適宜各相を行き来しつつ，問題を解決するプロセスを児童生徒たちに経験させることが必要である。

3 統計的探究プロセスの指導はどうあるべきか

⑴ 論点

　1で述べたように，小中高を通して，統計的探究プロセスの指導が求められている。様々な問題点が指摘されている中，小中高を通してどのように指導すべきかが論点として挙げられる。新井（2015）では，異なる校種でも同じ教材が扱えるよう探究課題を別個に設定し，統計的探究プロセスに則った学習機会を各校種に位置付ける提案を行った。これは，統計的探究プロセスに則ったスパイラルな学習機会を保証する提案であり，同様のプロセスを何度も踏むことで，その活動の質が高まることを意図したものである。小中高を通した指導が行えるものの，やはり時間数がかかりすぎてしまったり，また小中高でどのように質が高まったことを見取るのかなどが課題として残っている。

　ここでは，残された課題を達成するために，先行研究から示唆を得る。紙面に限りがあるため，ここでは3つの先行研究を挙げることとする。

⑵ 椿（2018）の提案

　椿（2018）は，問題解決の上で基本となる統計的考え方の導入として3つ挙げている。1つめが「数理的課題の評価・発見のための誤差概念」であり，児童生徒の発達段階に応じて「視覚的表現（グラフによる可視化）」，「数値的表現（記述統計量等による数値的要約）」，「誤りや誤差を含む数理モデルを利用した事象の表現（誤差を持つ事象の定式化）」として適切な時期に導入されるべきとしている。2つめが「原因と結果の分析」であるが，現状初等中等教育においては「理想型」のみが提示されることが多く，統計教育においてはそれが事実（データ）とは乖離するということを数学的活動として提示されるべきであると指摘している。3つめは，「選択された行動の評価と最適化」であり，「主観評価」

「予測評価」「実測評価」を挙げ，少なくとも「予測評価」を小学校に位置付けるようにした活動を取り入れるよう述べている。また，「高校終了時までには，この種の行動とそれに伴う結果について，事象に不確かさがあるとの前提での統計的推論・確率的意思決定の基礎を習得する必要がある（ママ；p.6）」と主張しており，「実測評価」を問題解決の中で強調すべきと述べている。

　この提案で特徴的なのは，校種問わず共通した考え方を示している点と，それらに水準を設けている点である。つまり，小中高を通してどのように指導すべきかに対する一つの提案として，統計的探究プロセスを遂行するのに必要な能力を定義していることと換言できよう。さらに，それらに水準を設けるということは，活動やプロセスの質の高まりを定義することと同等であるとみなせる。一方で，椿が箱ひげ図を例にして言及しているように，「数値的表現」を把握した上での「視覚的表現」もあり得るので，単純な水準であるとは言い切れないことに注意したい。

(3) 青山（2014，2018）の提案

　質の高まりに関連して，青山（2014）は，統計的探究プロセスにレベル設定を提案している（表2）。中学校での指導を主として，小学校・高等学校も視野に入れたレベル設定となっている。しかし，これについて青山は，「各プロセスの一部分に注目してレベルは設定されているため，レベルの内容記述には含まれていない活動の側面もある」点と「各プロセスのレベルは同時に同じレベルを扱わなければならないというわけではない」点に注意したいことを述べている。

　この提案も椿（2018）同様水準（レベル）を設定している点が特徴的であるが，PPDAC の相の活動に対する水準を設けている点が椿と異なる点である。各相において，どのような活動を行えば質が高いといえるのか，その基準を示していることになり，授業者としても授業の評価

表2 　統計的探究プロセスのレベル設定（青山（2014）をもとに筆者が作成）

	Problem	Plan	Data	Analysis	Conclusion
I	取り組む問題は、始めから統計的な問題となっており、対象とするデータも定まっている	集めやすいデータを対象として、集計方法などに注意して集める	変数1〜2項目で、データ数も50件程度の身近なデータ、あるいは提示されたデータを扱う	あらかじめ定められたグラフにまとめたり、統計量を求める	作成したグラフに見られた特徴や統計量などをまとめる
II	統計的でない一般的な問題から始まり、統計的な問題へと設定していく	結果に影響しそうな変数を自ら想定し、収集方法についても検討する	変数3〜5項目程度、データ数も50〜200件程度の現実のデータを扱うデータのクリーニングを行う	データの特性と分析目的に応じて適切な複数のグラフや統計量を分析に用いる	設定した問題に対して適切な結論をまとめる
III	一般的な問題から始まり、統計的な仮説検定ができる形での問題を設定する	標本調査によるデータ収集方法を計画する	ビッグデータなど多項目、大容量のデータを扱う	データの背景情報に関する分析や知の創造を行う	より自分の主張が伝わりやすい表現方法を工夫しまとめる

　の一つの指針となる。しかしながら、「各プロセスのレベルは同時に同じレベルを扱わなければならないというわけではない（p.45）」ため、逆に言えばプロセス全体の評価が判断し難くなっている。また、いずれの相も最高水準で授業を実施しようとすると、かなりの時間数を割くことになり、現実的でないことが課題として挙げられる。

　青山（2018）は、国内の実践とニュージーランドの実践から、真正の統計的問題解決プロセスと、ある相を起点とした統計的探究プロセスがあることを挙げている。後者について、例えば「データ」を起点とした場合、データ収集等に時間がかからず、また分析に失敗しても再度データを集め直すということもせずに済むメリットが挙げられ、実践する上では非常に扱いやすくなっていることを述べている。一方で、青山は「既存のデータを用いた実践では、統計的な問題設定やデータ収集など大事なプロセスに関する指導が浅くなってしまうことも懸念される。真正な問題解決を通じてしか学べないことについても注意を払い、適宜実践に取り入れていく必要もあるだろう」と指摘している。

　この提案は、現実的な授業での扱い方を示している。先に述べたよう

に，仮に水準を設けたとして，最高水準で授業を実施した場合は，時間がかかりすぎてしまう恐れがある。それに対し，PPDACのいずれかの相に重きを置く，あるいは起点を置くことで，活動を充実させながらも授業時数への影響をなるべく小さくする提案であることが特長である。ただし，青山も指摘するように，「真正な問題解決を通じてしか学べないこと」，例えばProblemやPlanでの充実した活動などをどのように仕組むかは検討する必要がある。

(4) **整理**

上記3つの先行研究から得られた統計的探究プロセスを指導する上での示唆は以下の3点にまとめられる。

i) 統計的探究プロセス（PPDACサイクル）の一部を授業で実現する「局所型」と，最初から最後までを授業で実現する「全体型」がある。

ii) 統計的探究プロセス（PPDACサイクル）の各相での活動の質の差が存在し，それは水準を設けることで可視化できる。

iii) 小中高を通して，基本となる統計的考え方があり，発達段階に応じて適切に指導する必要がある。

これらから，局所型・全体型のいずれの授業においても，統計的探究プロセスの各相での活動や考え方の質を適切に捉え，発達段階に応じた指導をしなければならないことがわかる。逆に，そのような指導ができるように，ある程度授業をデザインする（または見取る）枠組みが必要であると考える。

4 提案と議論

(1) **提案**

ここまでを踏まえ，本稿において，プロセススキルとその水準の設定を提案したい。3で提示した先行研究より，活動や考え方に水準を設け

る視点を得た。水準を設けることで，活動や考え方を評価することができるため，よりよい統計的問題解決を行うために何が必要かを見取る指標となり得る。ここで，水準を設ける対象を何にすべきかが課題となるが，学習指導要領において資質・能力の育成を志向していることも鑑み，本稿においてはプロセススキルとして定義しておく。プロセススキルを定義するにあたり，先行研究から得られた示唆を踏まえ，PPDACサイクルの各相に相当するスキルを設けることにする。具体的には，以下の表3の通りである。

このようなプロセススキルの設定は，PPDACサイクルの各相での活動に起因するが，スキルとすることにより，統計的問題解決活動のあらゆる場面においてそれぞれが相互に絡み合いながら発揮されることを想定している。したがって，例えばDataの相でのみクリーニングスキルが発揮されるわけではなく，Analysisの場面でクリーニングスキルも分析スキルも，そして探究デザインスキルも働かせながら活動が行われるということである。これにより，各相での活動もプロセス全体も，あるいは青山（2018）の述べるようなPPDACサイクルの一部に特化した活動も，その質を捉えることが可能であると考える。

表3　本稿におけるプロセススキル

①	問題設定スキル	現実場面から統計的に解決可能な要素を特定し，統計的問題を設定するスキル
②	探究デザインスキル	統計的問題を解決するために必要なデータやその収集方法，分析方法等探究活動全般をデザインするスキル
③	クリーニングスキル	誤差を考慮しながら，データを整理したりクリーニングしたりするスキル
④	分析スキル	統計量を算出したり，グラフ化したりし，データから新たな情報を生み出したり，また確率的に判断したりするスキル
⑤	コミュニケーションスキル	データから得られた情報を適切に表現したり，また解釈・評価したりするスキル

プロセススキルがどの程度発揮されているかやどの程度身についているのかは，水準を設けることにより判断が可能である。そこで，本稿では表4のようにプロセススキルの水準を定めることにする。統計的問題解決にあたり，様々なスキルを発揮することになるが，授業で学んでいくことを想定したときに，表3の5つのスキルでは広すぎたり曖昧であったりすることが想定される。したがって，それぞれのスキルにさらに下位スキルを設定し，その程度を水準として示すことにした。この下位スキルは，3の先行研究も踏まえ，設定している。

(2)　議論

　統計的探究プロセスを軸にした指導が求められているが，その一つの方向性として，プロセススキルとその水準表を本稿では提案した。この提案は一つの成果物というわけではなく，今後実践や他の研究と共同してより汎用性の高いものを目指していくその原案として示しているものである。今後の研究に向けて，検討すべき事項をいくつか挙げておく。

[検討事項1]　プロセススキル5つの妥当性

　本稿では，PPDACサイクルに合わせ，各相に概ね沿ったスキルを設定したが，その5つで統計の授業における児童生徒の活動や考え方等を評価できるのか。スキル間に重複する部分はあるのか，あるとすればそれはどのように扱うべきなのか。

[検討事項2]　下位スキルの妥当性

　児童生徒の活動や成果物，または授業自体の評価のしやすさを考慮し設定したが，その中身が適切に設けられているかどうか。また，具体的な学習内容を扱う授業の評価，特に確率に関する授業の評価も，この下位スキルを用いてできるのか。

[検討事項3]　（上記事項を認めたあるいは検討した上での）評価可能性

　教材または授業，および児童生徒の活動や成果物を，本当にこのスキルと水準表を用いて評価ができるのか。できない場合，どう修正すべきか。

表4　本稿におけるプロセススキルの水準表

	問題設定スキル	探究デザインスキル	クリーニングスキル	分析スキル	コミュニケーションスキル
I	i. 現実場面から統計的であるかどうかにかかわらず解決可能な要素・要因をある程度特定することができる。 ii. 問題を設定することができる。	i. 調査の対象・規模・時期などを授業者の支援を得ながらある程度想定することができる。 ii. 調査にあたり、倫理的に問題がないかを授業者の支援を得ながら考えることができる。 iii. どのように分析ができるかをある程度想定することができる。	i. 変数やデータ数が限られたデータを扱うことができる。 ii. データの単位や桁数を直すことができる。	i. 統計量を求めることができる。 ii. データをグラフに表現することができる。 iii. データやその背景などを踏まえて結論付けようとすることができる。	i. 分析から得られた情報を他者に伝わるようにまとめようとすることができる。 ii. まとめられた情報に対し、再度自分なりに考察することができる。 iii. 活動を振り返ることができる。
II	i. 現実場面から統計的に解決可能な要素・要因をある程度特定することができる。 ii. 特定した要素をもとに統計的問題を設定することができる。	i. 母集団と標本を捉えることができる。 ii. 調査の対象・規模・時期などをある程度想定することができる。 iii. 調査にあたり、倫理的に問題がないかを考えることができる。 iv. どのように分析ができるかをある程度想定して調査計画を立てることができる。	i. 変数やデータ数がある程度あるデータを扱うことができる。 ii. データの誤差について扱い方を考えることができる。 iii. データの単位や桁数を直すことができる。	i. 統計量を求め、問題に照らし合わせて解釈することができる。 ii. データの背景情報について考慮することができる。 iii. データの種類や特性に合わせてグラフを選択し、表現することが概ねできる。 iv. データやその背景などを総合的に考慮しようとすることができる。 v. 確率分布を想定しながら、結果を考察することができる。	i. 分析から得られた情報を他者に伝わるようにまとめることが概ねできる。 ii. まとめられた情報を批判的に考察することが概ねできる。 iii. 統計的探究のプロセスを振り返ることができる。
III	i. 現実場面から統計的に解決可能な要素・要因を特定することができる。 ii. 特定した要素をもとに統計的問題を設定することができる。	i. 母集団と標本を適切に捉え、適切な調査方法を設定することができる。 ii. 調査の対象・規模・時期などをある程度想定することができる。 iii. 調査にあたり、倫理的に問題がないかを判断することができる。 iv. どのように分析ができるかを想定して調査計画を立てることができる。	i. ビッグデータなど多項目、大容量のデータを扱うことができる。 ii. データの誤差について扱い方を考えることができる。 iii. データのクリーニングを行うことができる。	i. 統計量や確率を求め、問題に照らし合わせて解釈することができる。 ii. データの背景情報に関する分析を行うことができる。 iii. データの種類や特性に合わせてグラフを選択し、表現することができる。 iv. データやその背景などを総合的に考慮し、新たな情報を生み出すことができる。 v. 仮説検定を実施し、結論に生かすことができる。	i. 分析から得られた情報を他者に伝わるようにまとめることができる。 ii. まとめられた情報を批判的に考察し、結論の妥当性を評価することができる。 iii. 統計的探究のプロセスについて振り返り、課題を明らかにすることができる。

5　おわりに

　本稿では，小中高を通した統計的探究プロセスの指導が求められていることに対し，先行研究の文献解釈による考察を通して，統計的探究プロセスの指導の一つの方向性として，プロセススキルとその水準表を提案した。

　今後の研究の課題としては，4（2）で述べた事項について検討し，統計的探究プロセスの指導のあり方を探っていくことである。具体的には，プロセススキルを視点とした教材開発および授業実践を行うことと，逆に実践事例をプロセススキルの枠組みで考察・評価することが挙げられる。これにより，枠組みの妥当性がより高まることが考えられる。

〔引用・参考文献〕

青山和裕（2014）．「資料の活用」領域における指導の充実に向けて―探究プロセスに関するスパイラル指導と確率との関連付け―．日本数学教育学会誌，96（1），43-46.

青山和裕（2018）．統計的問題解決を取り入れた授業実践の在り方に関する一考察―既存のデータを活用した問題解決活動におけるプロセスの相違に着目して―．統計数理，66（1），97-105.

新井健使（2015）．「感性の数値化」を取り入れた教材開発に関する研究―統計的探究プロセスを視点にして―．東京学芸大学大学院教育学研究科修士論文.

文部科学省（2019）．高等学校学習指導要領（平成30年告示）解説数学編理数編．学校図書.

清水美憲（2017）．数学教育カリキュラムにおけるプロセススタンダードの設定―生徒の活動を重視する学習指導のために―．藤井斉亮先生ご退職記念論文集編集委員会編，数学教育学の礎と創造―藤井斉亮先生ご退職記念論文集―（pp.349-358）．東洋館出版社.

椿広計（2018）．小学校・中学校における算数・数学教育の中に如何にして統計的考え方を導入すべきか？．統計数理，66（1），3-14.

Wild, C. J., and Pfannkuch, M.（1999）. Statistical Thinking in Empirical Enquiry. *International Statistical Review*, 67（3）, 223-265.

データに基づいて主張したり批判的に検討したりする教材の開発
—乱数を用いたシミュレーションの活用に焦点を当てて—

西村 圭一

1　はじめに

　すべての人が，数理科学的な根拠に基づいて判断や意思決定できるようにしたい。すなわち，意思決定を要する現実社会の問題を数理科学的に定式化し，処理を施し結果を得る過程をたどり，複数の選択肢を創出したり，様々な価値観を背景にもつ基準や仮定，リスク等を批判的に検討し，根拠を明確にしながら合意形成を図ったりして，何らかの決定を行うプロセスに参画できるようにしたいという思いがある。このようなプロセスに参画したり，批判的に検討したりできない人は，他者の示した結論に一方的に従うか，ただ反対の意を唱えるだけになってしまうからである。

　このような点に関して，日本の学校教育においてやるべきこと，できることは少なからず残されていると考える。日本の数学教育の実態は，近年になって事象の数学化や数学的活動などのプロセスが重視されてはきたものの，やはり「数学」の構造的理解を重視する傾向にあり，上述のような学習は，従来の数学教育の枠組みには収まらないからである（西村，2020；山口，西村，島田，松島，松嵜，2020）。

　こうした現状を乗り越えるための一提案として，本稿では，データに基づいて主張したり批判的に検討したりする際の手法として乱数を用いたシミュレーションに着目し，それを活用する教材を開発し，その意義について具体的に検討する。

2　乱数を用いたシミュレーションに関する教材例

⑴　スピードカメラ

　イギリス数学教育改良プロジェクト Bowland Maths. の Classroom

Projects（以下，CP）の一つに，スピード違反車両を写真撮影する「スピードカメラ」の効果に関する新聞記事の妥当性を検討する，以下のようなものがある[1]。

　スピードカメラが導入された場所では重大な交通事故が 21 ％減少すると言われているが，新聞記事によると，カメラを設置した 800 カ所のうち 70 カ所で交通事故が設置前より増加したと言う。あなたは，このことについてどう考えるか。

このCPには，2つの乱数を用いたシミュレーション（表計算ソフトのファイル）が用意されている。

　図1は，入力した事故発生確率（□ /365，□に値を入力）に応じて，1年間の事故発生回数を，発生週，曜日とともに出力するものである。このシミュレーションを繰り返すことで，発生確率は同じでも，発生する事故数にばらつきがあることに気がつかせることを意図している。

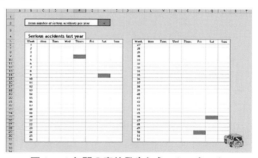

図1　1年間の事故発生シミュレーション

　図2は，スピードカメラの設置前と設置後の事故発生確率を入力し，それらの確率のもとでの1

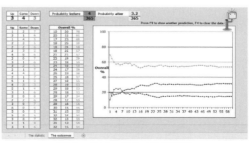

図2　スピードカメラの効果

年間の事故発生回数を 10 回ずつシミュレーションし，事故が増える回数，変わらない回数，減る回数の割合の変化を表示するものである。図2 からは，スピードカメラの設置効果により，事故発生確率 4/365 が21 ％減の 3.2/365 になったとしても，事故の発生回数が増える場合がおよそ 30 ％あることがわかる。

⑵ **イルカの効果**

Strayer & Matuszewski（2016）は，シミュレーションを利用した仮説検定に関する教材として，次のような例を挙げている。

　鬱傾向のある 30 人の被験者を 2 つのグループに無作為に分け，両グループとも毎日同じ量の水泳やシュノーケリングを行ったが，一方のグループだけに毎日バンドウイルカと泳ぐ機会を設けた。その結果，全体で 13 人が改善し，そのうち 10 人がイルカと泳ぐ機会を設けたグループだった。この結果から，イルカと泳ぐことは鬱傾向の改善に効果があると言ってよいだろうか。

　この教材では，まず，イルカと泳ぐことが鬱傾向の改善に効果がないと仮定したとき，改善した人数の 2 つのグループ間の差が 7 人になる可能性はどのくらいかを，トランプカードを利用してシミュレーションする。具体的には，黒 13 枚（改善者），赤 17 枚（未改善者），合計 30枚のカードを裏返し，よく混ぜてから 2 つのグループに分けることを繰り返す。そして，2 つのグループの黒カードの枚数の差を記録していく（図 3）。
　さらに，この活動の後，web 上のシミュレーション[2] を利用する（図4）。

図3　トランプカードによるシミュレーション

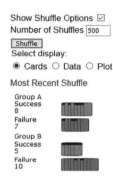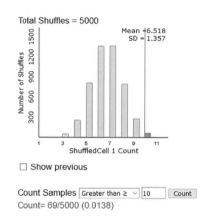

図4　web 上のアプレットを利用したシミュレーション

　図4の結果からは，差が7以上（一方のグループの改善者が10人以上）になった割合は1.4％弱であることから，「13人が改善し，そのうち10人がイルカと泳ぐ機会を設けたグループ」であることは「偶然には起こりにくい」ことがわかる。したがって，イルカは鬱傾向の改善に有効だと考えられる。

(3)　**考察**

　上述の2つの教材は，シミュレーションを用いて判断する機会を提供するとともに，確率分布や仮説検定の理解の素地となる見方・考え方を引き出している点で示唆的である。ただし，シミュレーションの仕組み

については考察させていなく，生徒にとってはブラックボックスになっている。具体的には，「スピードカメラ」のシミュレーションは表計算ソフトのファイルで提供されているが，マクロが組まれており，生徒は乱数機能が用いられていることを知ることはできない。また，「イルカの効果」のシミュレーションがある web サイトでは他にも汎用性のあるシミュレーションが提供されているが，それらのシミュレーションの原理はわからないまま利用することになる。

　しかし，これらのシミュレーションの原理は，表計算ソフトの乱数を用いて比較的容易に理解することができる。

　「スピードカメラ」のシミュレーションの原理は，次のように説明できる。

①365 個の各セルにおいて，0～1 の範囲の乱数に 365 を乗じ，0 から 365 の範囲の乱数を生成する。
　［=RAND()*365］

②その 365 個の値のうちの，入力した確率の分子（例えば 4/365 の 4）以下の個数を数え［=COUNTIF(範囲，"<=4")］，記録する[3]。

③①～②を繰り返す。［F9 を押す］

　また，「イルカの効果」のシミュレーションの原理は，次のように説明できる。

①30 個の各セルにおいて，0 から 1 の範囲の乱数を生成する。
　［=RAND()］

②その 30 個の値に対して，小さい順に 1，2，3，…，30 を振る。
[=RANK(セル，範囲，1)] (1 は昇順)

	A	B
1	=RAND()	=RAND()
2	=RANK(A1,$A1:$AD1,1)	=RANK(B1,$A1:$AD1,1)

	A	B	C	D	E	F	G	H	I	J	K	L	M	N	O	P	Q	R	S	T	U	V	W	X	Y	Z	AA	AB	AC	AD
1	0.75	0.71	0.3	0.9	0.2	1	0.2	0.5	0.2	0.9	0.2	0.3	0.3	0.3	0.3	1	0.6	0.2	0.8	0.4	0.2	0.4	0.7	0.1	0.3	0.4	0.7	0	0.1	0.3
2	25	23	10	28	4	29	5	20	7	27	9	14	13	16	15	30	21	6	26	18	8	17	24	3	11	19	22	1	2	12

③1～13 を効果ありとし，A 列から O 列（15 列分）に 13 以下の数が
いくつあるかを数える [=COUNTIF(範囲，"<=13")]。その数を 2
倍し 13 を減じた結果を記録する（13 以下が m 個あったとすると，
残りの 15 列（P 列から AD 列）の 13 以下の数は 13-m 個なので，
その差は 2m-13 個となる）。

④①～③を繰り返す。[F9 を押す]

このように，表計算ソフトでシミュレーションを作成することを通し
て，それぞれのシミュレーションの原理とともに，確率事象をどのよう
に定式化しているかを理解させることができると考える[4]。

3　ブートストラップ法に関する教材の開発

2 で取り上げたシミュレーションと同様に，表計算ソフトの乱数を用
いて行うことができる「ブートストラップ法」に着目し，その教材化を
試みる。

(1)　ブートストラップ法とは

ブートストラップ法は，無作為抽出された標本を母集団に見立てて，
そこから無作為に標本を取り出すことを繰り返すことで，母集団の統計
量や誤差を推測する手法である。

これも，次のように，表計算ソフトの乱数を用いて行うことができる[5]。

①標本（標本の大きさを n とする）を入力する。

②１つの行（または列）の n 個のそれぞれのセルにおいて，①の中から乱数を用いて無作為に１つのデータを取り出す（復元抽出）。
［=INDEX(範囲, ROWS(範囲)*RAND()+1,COLUMNS(範囲)*RAND()+1)][6]

③②を１回のシミュレーションで行う試行回数分の行（または列）にコピーする。

④各行（または列）ごとに，統計量（例えば平均値）を求め，その度数分布表を作成し，その結果を記録する。

⑤乱数を再生成し［ F9 を押す］，④を繰り返す。

　図５は $n=50$（平均値45.7）の標本に対して，上述の抽出を2000回行ったときの標本平均の分布である。例えば，38〜53の範囲に概ね95％のデータが含まれることがわかる。すなわち，標本平均45.7という結果から，母平均は38〜53の間にあると解釈することが妥当であると考えられる。

　このような解釈や推測は，当然のことながら，利用する標本が母集団の特徴を反映しているという

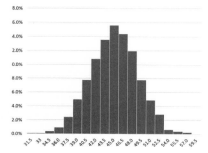

図５　標本平均の分布

ことを前提としている。したがって，無作為抽出を厳密に行い，十分な大きさの標本を得ることが大切である。

(2) 教材開発

　上述のブートストラップ法は，調査や社会実験等の結果に基づいて主張をしたり批判的に検討したりする際に有用であると考える。そこで，データに基づいて主張したり批判的に検討したりする力を育むことを目指すケーススタディと位置づけ，次のような文脈を設定する[7]。

　　ある市では，ゴミ減量対策の一環として，指定ゴミ袋制度（ゴミ処理有料化）政策の導入が検討されている。これについての住民説明会では，次のような意見が出された。
　　・有料化でゴミは減量できるのか。
　　・有料化は新たな税負担で，税金の二重取りではないか。
　　・目標値の「1日一人あたり550g」まで減量するには，有料化を実施するだけでは不十分なのではないか。
　　市では，1ヶ月間，試験的に導入をし，ゴミの量について調査することにした。世帯構成人数別（1人，2人，3人，4人以上）の世帯数の割合が市全体と一致するようにして，無作為にモニターを選び，協力が得られた120世帯に対してゴミの量を調査した。以下は，そのデータである。

　　このデータの平均値は570g，昨年の1日一人あたりのゴミの量は590gだった。市は「有料化は効果があることを示している」と主張し，住民は「有料化しても目標値の550gを達成することはできないのだから，他の方策を考えるべきだ」と主張している。あなたはどう考えるか。

741	892	808	743	840	808	890	738	703	760
884	810	894	723	712	803	792	890	833	893
656	711	768	652	779	693	721	766	734	745
677	716	659	743	736	717	739	652	728	674
755	784	780	751	707	800	735	704	774	759
512	441	572	483	519	470	518	503	484	403
418	577	400	574	462	563	563	490	444	546
464	481	422	533	451	439	582	589	497	405
452	541	430	411	530	409	588	507	575	582
305	376	448	379	385	443	321	435	393	331
408	424	346	441	444	444	415	372	339	309
268	244	226	350	263	300	271	252	268	389

図 6 が，ブートストラップを 8000 回行った結果である。この結果に基づくと，「この標本が得た母集団の平均が 590g 以上である可能性はおよそ 16〜17 ％である」，「550g 以下である可能性はおよそ 28〜29 ％である」と考えられる。したがって，ゴミの量が減ったとは断定はできないものの減っている可能性が高く，かつ，有料化により目標を達成できないとは言い切れないと考えられる。

⑶ 教材の教育的意義

中学校では，第 3 学年の「標本調査」において「標本調査の方法や結果を批判的に考察し表現すること」を扱うが，以下のように，正しい方法で実施された標本調査の結果を批判的に考察することまでは射程にないことがわかる。

　　実際に行った標本調査だけではなく，新聞やインターネットなどから得られた標本調査の方法や結果についても，批判的に考察し表現できるようにすることが大切である。例えば，日常生活や社会の中で行われた標本調査の事例を取り上げ，標本調査の結果をどのように解釈

すればよいのかを考察する場面を設け
ることが考えられる。その際，母集団
としてどのような集団を想定している
のか，その母集団からどのように標本
を抽出しているのか，抽出した標本の
うちどのくらいの人が回答しているの
か，などを観点として話し合うことが
大切である。

　また，実際の調査においては，無作
為抽出以外の標本の抽出方法が用いら
れることもあること，そのときには標
本がどのような集団を代表しているの

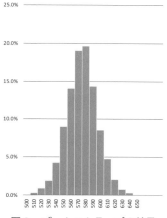

図6　ブートストラップの結果

かを検討することも考えられる。このような活動を通して，統計的な
情報を的確に活用できるようにすることが大切である。

（文部科学省，2018，pp.156-157）

　また，高等学校では，数学 I の「データの分析」において，「不確実
な事象の起こりやすさに着目し，主張の妥当性について，実験などを通
して判断したり，批判的に考察したりすること」を扱うが，その学習内
容は「仮説検定の考え方」であり，2 に挙げた教材に通底するものであ
る。したがって，正しい方法で行われた標本調査の結果の解釈に関して
は，数学 B の「統計的な推測」において初めて学習することになる。
そこでは，母分散が既知である場合の母平均や母比率の区間推定を学習
することになる。しかし，実際に標本調査を必要とする場面では母分散
がわからないことが多い。

　以上のことから，本教材は，従来の数学科の学習にはない，実社会に
おいて，調査や社会実験等の結果に基づいて主張をしたり批判的に検討

したりする際に有用な手法を学ばせる機会を提供していることがわかる。

と同時に，この教材は，区間推定の理解の基盤となることが期待できる。具体的には，上述のゴミの問題と次のような問題を関連付けることを考える。

> ある県の 17 歳男子の 200 人を無作為に選んで調べたところ，身長の平均が 168.0cm であった。母標準偏差を 6.5cm として，この県の 17 歳男子全体の平均身長 m に対する信頼度 95 ％の信頼区間を求めよ。（俣野，河野，2017，p.158）

この問題で，無作為に選んだ 200 人のデータが手元にあるとする。このとき，ブートストラップ法による標本平均 168.0cm の解釈と区間推定の考え方を整理すると表 1 のようになる。

表1　母平均に関するブートストラップ法と区間推定の比較

	ブートストラップ	区間推定
標本平均 $\bar{X}$ の分布	シミュレーションの結果	$N(m, \frac{6.5^2}{200})$ と仮定
範囲の解釈	シミュレーション結果から，95 ％の標本平均が含まれる範囲を読み取る。	$Z = \dfrac{\bar{X}-m}{\sqrt{\frac{6.5^2}{200}}}$ は N(0,1) になることから，正規分布表を用いて P($\|Z\| \leq k$)＝0.95 になる k＝1.96 を求める。

表 1 の右列で，
$$P\left(\bar{X}-1.96\sqrt{\tfrac{6.5^2}{200}} \leq m \leq \bar{X}+1.96\sqrt{\tfrac{6.5^2}{200}}\right)=0.95$$
なので，
$$\bar{X}-1.96\sqrt{\tfrac{6.5^2}{200}} \leq m \leq \bar{X}+1.96\sqrt{\tfrac{6.5^2}{200}} \quad\cdots\cdots\cdots\cdots \quad (1)$$
が得られる。このとき，$\bar{X}$ の値は標本抽出ごとに変わるので，(1)式の区間もそれに応じて変わることになるが，得られている値（この場合，

168.0）を利用し，これを信頼度 95 ％の信頼区間とするのが，区間推定である。

一方，ブートストラップ法では，得られる分布の平均を母平均 m とみなすことになる。その母平均を中心に 95 ％のデータが含まれる区間（図 7 の①）を考えると，(1)式の区間が標本抽出ごとに変わることは，図 7 の②のように捉えられる。このような区間のうち，m を含まないのは標本平均 $\bar{X}$ が図 7 の①の区間外の値のときであることがわかる。このことは，信頼区間の次のような解釈に結びつく。

　一般に，標本抽出を行い信頼区間を求めるとき，『この区間は母平均 m を含む』という主張は正しいとは限らない。しかし，多数回抽出して信頼区間を求めれば，そのうちの約 95 ％は母平均 m を含んでいる。これが信頼度 95 ％の信頼区間という意味である。（前掲者 p.160）

このように，ブートストラップ法を取り入れた教材は，区間推定の理解の基盤となりうると考えられる。

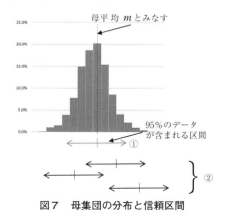

図 7　母集団の分布と信頼区間

4 おわりに

OECD Education 2030 プロジェクトでは，「私たちの社会を変革し，私たちの未来を作り上げていくためのコンピテンシー」（Transformative Competencies for 2030）として，新たな価値を創造する力，対立やジレンマを克服する力，責任ある行動をとる力を挙げている[8]。はじめにも述べたように，従前の教科の枠組みで考えていると，数学科の学びはこのような力とはかなりの距離感があるように考えがちである。そして，そこに立ち止まっている限り，多くの生徒に，将来必要な資質・能力を身に付けさせることができないままになってしまう。本稿で取り上げた乱数を用いたシミュレーションを扱うことは，教科の枠を超え，必要な資質・能力を育む際の契機にもなると考える。

〔注〕

1) https://www.bowlandmaths.org.uk/projects/speed_cameras.html, 日本語版は，https://bowlandjapan.org/starterkit/speedcamera

2) http://www.rossmanchance.com/applets/ChiSqShuffle.html?dolphins=1

3) 生成された乱数をスプレッドシート上に残し，次の乱数を発生させる方法については，下記を参照されたい。 F9 を押す度に生成される乱数が最下行に追加されていく。

	A	B	C	D	E	F
1		=RAND()				
2	=IF(ROW(A2)<$D$2,ROW(A2)-1,"")	=IF($D$2>=ROW(B2),IF(ISNUMBER(B2),B2,B1),"")		=IF(E2=0,0,D2+1)	1	←0：リセット
3	=IF(ROW(A3)<=$D$2,ROW(A3)-1,"")	=IF($D$2>=ROW(B3),IF(ISNUMBER(B3),B3,B$1),"")				1：開始
4	=IF(ROW(A4)<=$D$2,ROW(A4)-1,"")	=IF($D$2>=ROW(B4),IF(ISNUMBER(B4),B4,B$1),"")				
5	=IF(ROW(A5)<=$D$2,ROW(A5)-1,"")	=IF($D$2>=ROW(B5),IF(ISNUMBER(B5),B5,B$1),"")				

4) 表計算ソフトの乱数の妥当性等については，別途探究する機会を設定することも考えられる。

5) 中学校第3学年「標本調査」で，このシミュレーションの②で抽出する標本の大きさを変えて利用することで，標本の大きさによる標本平均等のばらつきの違い等を観察することができる。

6）［=INDEX（範囲，［列］，［行］）］で，範囲内の指定した列と行が交差するセルの値を返す（［列］，［行］に小数が入力された場合は小数点以下を切り捨て）。また，［ROWS（範囲）］は範囲内の列数，［COLUMNS（範囲）］は行数であり，これらに0〜1の乱数を乗じ1を加えることで，範囲内のセルを無作為に抽出できる。

7）山口県宇部市の「指定ごみ袋制度の見直し（有料化）について住民説明会」に係る資料（https://www.city.ube.yamaguchi.p/kurashi/gomi/yuuryouka/documents/jumin setsumeikai_iken.pdf）や，東京都新宿区の「平成28年度資源・ごみ排出実態調査報告書（本冊）」（https://www.city.shinjuku.lg.jp/kankyo/seikankyo01_001012.html）等を参考にした。

8）https://www.oecd.org/education/2030-project/about/documents/OECD-Education-2030-Position-Paper_Japanese.pdf

〔引用・参考文献〕

ジミー・ドイ（2019）．シミュレーションに基づく統計的推論とアクティブ・ラーニングの授業事例．日本数学教育学会誌，101（3），28-39．

後藤貴裕，西村圭一（2016）．高等学校情報科において乱数シミュレーションによるモデル化を通した数理科学的意思決定能力の育成を図る授業実践の事例研究．科学教育研究，40（2），198-208．

俣野博，河野俊丈（2017）．数学B Advanced．東京書籍．115-165．

文部科学省（2018）．中学校学習指導要領（平成29年7月告示）解説数学編．日本文教出版．

文部科学省（2019）．高等学校学習指導要領（平成30年7月告示）解説数学編理数編．学校図書．

三中信宏（2018）．統計思考の世界〜曼荼羅で読み解くデータ解析の基礎．技術評論社，161-174．

Strayer, J. & Matuszewski, A. (2016). Statistical Literacy：Simulations with Dolphins, Mathematics Teacher, 109（8），606-611．

汪　金芳，田栗正章（1996）．ブートストラップ法—2標本問題からの考察．統計数理，44（1），3-18．

オンライン授業研究の可能性と価値
―AAMT 主催ウェビナーに焦点を当てて―

藤井 斉亮　　松田 菜緒子

1　はじめに

　授業研究が The Teaching Gap（Stigler & Hiebert, 1999）の出版をひとつの契機にして，世界中に知れ渡り，米国だけでなく各国・各地域で模倣・実践され 20 年が過ぎた。研究論文も多数輩出され，それらは，最近では，集約・整理されて書籍として出版されるまでになった（Quaresma 他（Eds.）2018，Huang 他（Eds.）2019）など）。研究論文は，授業研究の実践に基づいて考究されていることから，多数の研究論文の背後にはそれ相当の授業研究の実践が想定できる。論文執筆者の国籍も多様であることから，授業研究は研究と実践の両面において，まさに世界を席巻した感がある。

　ところが，新型コロナウイルス感染拡大に伴い，通常の授業研究の実施は不可能な状況となった。特に，授業研究の構成要素の中で重要な位置を占める研究授業の実施が難しくなった。だが，そのような状況下でも，様々な試みが実施されてきた。例えば，2020 年 12 月 2 日～4 日にオンラインで行われた WALS（注 1）では，2 つのテーマの内の 1 つを「このパンデミック・ニューノーマルな状況下でオンライン授業研究をどう効果的に実施するか（以下略）」に急遽設定し，世界に発信している。嵐が通り過ぎるのを待つという姿勢ではなく，様々な可能性に挑戦している点に率直に感銘を受けた。特にオンライン授業研究をその場しのぎの一時的なものと捉えておらず，これまでの授業研究との併用を視野にいれている点は注目に値する。

　そこで，本稿では 2020 年 10 月に実施されたオーストラリア数学教師協会（AAMT）主催，東京学芸大学国際算数数学授業研究プロジェクト（IMPULS）（注 2）共催，日本数学教育学会後援の下で実施された

ウェビナー（注3）をオンライン授業研究と位置付け，この新しい形態の授業研究の特徴を明らかにし，従来の授業研究との併用も視野に入れて，オンライン授業研究の役割と機能及び価値を明確にしたい。

2　オンライン授業研究としての AAMT 主催ウェビナーの概要

⑴　オンライン授業研究の多様性

　授業研究は次の5つの構成要素，すなわち，1目標設定と児童生徒の実態把握，2学習指導案の作成と検討，3研究授業，4研究協議会，そして5反省・総括からなる（藤井斉亮，2014）。オンライン授業研究の構成要素もこれら5つであるが，オンライン授業研究は各構成要素の形態も様々であり，各構成要素に対してどの程度どのようにオンラインを活用するかで，形態はさらに多様となる。その多様な形態の分類や異同の詳細はすでに考察されている（Hrastinski, 2021, Goei 他 , 2021 など）。本稿はオンライン授業研究の全体像ではなく，個別事例として AAMT 主催ウェビナーに焦点をあて，その実際からオンライン授業研究の特質と価値を掘り下げて考察したい。

　本稿で焦点をあてる AAMT 主催ウェビナーは，授業研究の構成要素に照らすと，3研究授業と4研究協議会についてはその録画，そして2学習指導案の作成・検討についてはその結果としての学習指導案がインターネット上にアップロードされ，それを参加者が各自で予め視聴・読破した上で，それを踏まえて，リアルタイムでインターネット上でパネルディスカッションの形式で4研究協議会を行うものであった。

　AAMT はこのオンライン授業研究をウェビナーとして2回実施した。第1回は日本で実施された研究授業，第2回はオーストラリアで実施された研究授業を対象にした。本稿では2回目のウェビナーに焦点を当てる。

⑵　AAMT 主催ウェビナーの実際

　AAMT 主催ウェビナーは「オーストラリアの教師による日本の授業研究の活用：乗法の指導における構造的問題解決型授業」をテーマとし，2020 年 10 月 21 日 17：00〜18：30（日本時間）に開催され，13 カ国から 85 名（注 4）の申し込みがあり，当日の参加者は 60 名であった。

　参加者は研究授業の録画を視聴する前に本時の課題を解き，予想される子どもの反応を（学習指導案を見ずに）列挙しておくことが求められた。何故なら，第一回の AAMT ウェビナーにおいて，参加者がただ漠然と研究授業の録画を視聴しても研究協議会は深まらない，という指摘があったからである。参加者が事前に入手した情報は学習指導案の他に抽出児童 10 名の本時のノートの写真，ヴィクトリア州算数カリキュラムの抜粋であった。

　ウェビナーにおけるパネリスト（5 名）の役割は，通常の研究協議会では，指導助言者（講師）に該当すると見ることができる。なお，パネラー間で事前打ち合わせを 3 回（9 月 15 日，9 月 30 日，10 月 14 日，各 1 時間程度）行い，発言内容の重複などを調整した点は明記しておきたい。

　ウェビナーの構成とパネリスト名（敬称等略）及び発言内容の要約は以下の通りである。③と⑧はヴィクトリア州内の小学校長であり，ウェビナーの主題が日本の授業研究と問題解決型授業であるため，その実際を知る IMPULS 授業研究イマージョンプログラム（注 5）経験者が選ばれている。

　①　研究授業の授業者による校内研究の概要紹介（5 分 33 秒）

　②　研究協議会（録画）の紹介（5 分 30 秒）

　③　州内の小学校長からの授業研究の役割に関するビデオコメント（2 分 7 秒）

　④　パネリスト 1（オーストラリア）による講評（W.Widjaja）：比較検討場面に焦点をあて，板書（図 1）に基づき，子ども達の解法が加法から乗法，特に乗法の

筆算へ順次高まっていったと授業を評価した。（7分31秒）。質疑応答（10分30秒）。

⑤　パネリスト2（オーストラリア）による講評（M.Stephen）：ビデオによるコメントであったが，加法から乗法への進展が明確に見られたと評価した（2分33秒）。

⑥　パネリスト3（日本）による講評（日野圭子）：日本の問題解決型授業が具現化していると評価し，各過程ごとに特徴的な点やその価値，また改善点を指摘した。授業目標が明確でないことも指摘した（8分5秒）。質疑応答（7分30秒）。

⑦　パネリスト4（オーストラリア）による講評（S.Grove）：「探究の共同体（Community of Inquiry）」の視点から児童の発表（図1のS1）に関わって発生したディスカッション（6分間）を詳細に分析した結果を示し，そこではまさに「探究の共同体」が具現化していると評価した。また，「探究の共同体」の視点から授業研究自体を特徴付けた（13分18秒）。

⑧　州内の小学校長からの授業研究の役割に関するビデオコメント（4分7秒）

⑨　パネリスト5（日本）による講評（藤井斉亮）：数学的モデル化過程から授業をみると本時は数学的モデル（43×6）に対して，それを形式的に処理する過程に焦点を当てた授業と見ることができ，形式的処理は本時では乗法の筆算に集約されることから，筆算の教育的価値は何かを論じた（9分30秒）。

3　対象となった研究授業及び研究協議会の様相

⑴　対象となった研究授業

　研究授業は，オーストラリアヴィクトリア州の公立小学校 South Geelong Primary School（在籍児童数は1〜6年生合わせて約300人程度の小規模校）での校内型の授業研究として，2016年8月25日に実施されたものである。校内研究のテーマは「問題解決において，主体的に考え，自分の考えを表現し，他者の考えを活用する力の育成」である。

授業者は，2016年6月にIMPULS授業研究イマージョンプログラムに参加した経験のあるFelicity教諭である。なお，学級は，3年生と4年生の複式学級（22名）であった。

授業課題は，「Theme Park Multiplication」と名付けられ，「テーマパークに6人で行く。入場券は一人43ドルである。合計はいくらか」という課題であり，日本では43×6と表記される，2位数×1位数の乗法であった。

本時の目標は学習指導案を見ると「2位数×1位数の乗法問題を解く効率的（efficient）な方略を発展させたり拡張させたりする」である。

授業は日本の問題解決型授業の流れで展開され，実際には，問題の提示（8分），自力解決（17分），比較検討（24分），まとめ（10分）であった。

比較検討場面では，5つの解法が順次検討され，板書は図1となった。

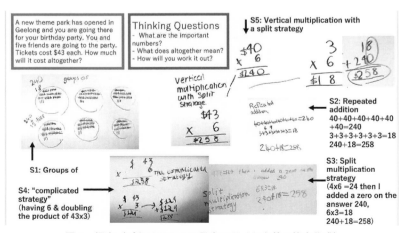

図1　板書（パネリスト1の発表スライドを基に筆者作成）

⑵　研究協議会の様相

　研究協議会の参加者総数は 16 名で時間は 42 分間であった。発言者が誰であるかを捨象し，発言内容に焦点を当てると研究協議会の内容は大きく 3 つに整理できる。すなわち，1）課題について（難易度，本時の課題に至る系列，予想された解法と実際に出現した解法，自力解決の様相，自力解決と発表内容の相違等），2）ディスカッションの様相（児童の発表に関わって発生したディスカッションの評価，子ども各自の発言内容と表現の的確さ，ディスカッションの背後にある教室文化等），3）教師の指導法（板書，発問，比較検討のさせ方等）である。

　研究協議会の最終段階で行われた講師講評では，上記の内容を踏まえた上で，本時の目標が明確でない点が指摘された。また講師自身が授業研究の指導者として当該校にこれまで 3 年間関わってきたことを踏まえ，学習指導案の質的変容や授業研究による教師の成長にも言及している。

4.　オンライン授業研究の研究協議会における質的な深まり

　オンライン授業研究の研究協議会における質的な深まりを示すために，研究協議会 1（現地校での研究協議会）と研究協議会 2（オンライン授業研究における研究協議会）に共通する内容に焦点を当てる。共通であったのは，ディスカッションの様相に関わる内容と授業課題に関わる内容であった。

⑴　ディスカッションについて

　研究協議会 1 では，図 1 の S1（Group of）と S4（Complicated strategy）に関わるディスカッションの様相が高く評価された。特に S1 に関しては，S1 を提示した児童の名前（Elise）が研究協議会 1 において度々出現し，その発表態度や子ども同士のディスカッションが称賛さ

れた。

　研究協議会2では，パネリスト4から，S1に関わって展開された6分間のディスカッションについて，「探求の共同体」の視点から分析した結果が提示された。実際の発表スライドを提示すると図2となる。

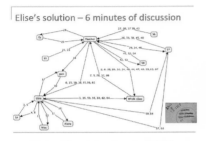

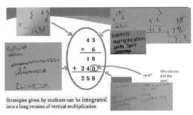

図2　ディスカッションの様相　　　　　図3 乗法の筆算（Long Ver.）

　このダイヤグラムの作成にはかなりの時間と労力を要したであろう。通常の授業研究では，研究授業の直後に研究協議会があり，このような作業はできない。実際，パネリスト4は，研究協議会1でも指導講評者であったが，「探求の共同体」の一般的なダイヤグラムを示したに留まっている。

　一方，図2を見ると，S1を発表したEliseに子ども達が直接問いかけている事実が確認できる。その内容を逐語記録で確認すると，S1が効率的（Efficient）な方法かどうかを議論していることが分かる。一方，教師（T）からクラス全体に出ている矢印があり，その内容は逐語記録から，EfficientよりComfortableな方法を優先することがある，と教師がS1の価値を認めEliseを擁護していることが分かる。

　研究協議会2では，図2により，S1に関わるディスカッションが「探求の共同体」の具現化とされ，高く評価された。さらに「探求の共同体」が出現するまでには，長期の醸成期間が必要であることから，当該

学級の教室文化が高く評価された。研究協議会1では，数人の子ども達がモデルとなりディスカッションを牽引したと教師達が見ていたが，それとは異なる見方が提示されたことになる。ここに研究協議会2の協議の深まりを確認できる。

(2) **課題について**

　研究協議会2では，数値の適切性など課題設定に関わる議論は行われなかったので，子どもの解法に対する議論の深まりを考察する。研究協議会1では，S1とS4について議論され，S3はsplitという用語の由来について話題になった。換言すれば，研究協議会1では，各解法が個別的に議論された。

　一方，研究協議会2では，③の校長先生，パネラー1，そしてパネラー2がS1からS5を系列的に見て，加法から乗法への進展が見られると指摘した。S1は図的に表記して数え上げており，S2では同数累加の式が明記されておりまさに加法的である。一方，S3は×6をせずに×3をし，それを2倍している。S4は4×6＝24の24に0を加えて240としている。0を加えるのは10倍していることであり，その議論が授業では十分に行われていないが，思考は乗法的であろう。S5は乗法の筆算である。このように研究協議会2では子ども達から出された解法を加法から乗法を志向した系列と見ており，子どもの解法への価値つけが異なり，議論の深まりを確認することができる。

　S5について詳しく言えば，発表者は，最初に筆算（縦書き）で43×6＝258と書いた（図1中央）。次に補足説明として2つの筆算（縦書き）40×6＝240と3×6＝18を書いた（図1右上）。これらは，ふつう，図3のように1つの形式に収められ，long version（長い筆算）と呼ばれている。パネラー5は長いバージョンであれば，授業で出現した各解法を関連つけることができると指摘した（図3）。だが，オーストラリアではlong version（長い筆算）は指導されていない。研究協議会

2では，指導上留意すべき点及びカリキュラム改善への示唆が示された
といえる。

　さらに，研究協議会2では，なぜ筆算をそもそも指導するのか，電卓
やソロバンにはない筆算の教育的価値は何かが論じられた。パネラー5
は，筆算は途中の経過が見えるので，間違えたとき，誤りを自分で診断
でき，修正できるよさがあると指摘した。筆算には，自己診断と自己治
療の機能があり，そこに教育的価値があるとした。

　研究協議会1では，効率的（Efficient）が話題になった。授業の目標
にもより効率的な解法を目指すことが明記されていた。最も効率的な方
法は，乗法の筆算である。換言すれば，乗法の筆算を授業では目標と
し，乗法の筆算を指導することは当然のこととして暗黙に了解されてい
た。研究協議会2では，この暗黙の前提が問われ，筆算の教育的価値が
確認された。指導の有り様だけでなく，なぜそれを指導するかに視点を
転じる必要性と重要性が指摘されたといえる。ここに研究協議会2の深
まりを確認することができる。

5　おわりに

　オンライン授業研究は，通常の授業研究より広域で行うことができ
る。特に国際的なオンライン授業研究では，文化的背景が異なる参加者
同士が協働することになり，お互いの文化的ルーティン（Stigler &
Hiebert,2016）を見直す契機が生まれる。ここにオンライン授業研究の
最大の価値があると言える。

　今回のAAMT主催ウェビナーでは，わが国の問題解決型授業につい
て，課題と比較検討場面について，そこでの暗黙の期待や前提が顕在化
した。

　先ず，課題についてである。わが国では課題の数値や系列は極めて精
緻に検討される。43×6を3年生（6の段は未習）と4年生の複式学級

　の子ども達に課す挑戦（冒険と言ってもいい）は，日本では考えられないことである。だが，研究授業で子ども達は5つの解法（S1～S5）を示し，いずれの解法においても，そこでの子ども達の説明は率直かつ明晰で，しかも，子ども同士のディスカッションには深い思考が背後に見えた。43×6は，授業課題として十分に機能したのである。これまで日本ではカリキュラムの系列を重視するあまり，問題解決型授業における課題を狭く捉え過ぎていたのではないか。授業目標を達成するためには堅実な課題ではあるが，それを解決する側から見たとき，思考の躍動感や自由性を軽視してきたのではないか。まさに文化的ルーティンが顕在化し再考させられたのである。

　次に，ディスカッションについてである。子ども達のディスカッションの様相・態度は，研究協議会1と研究協議会2で高く評価された。実際，ディスカッションを通し授業時間内で子ども達が大きく成長したように感じた。ディスカッションは問題解決型授業では主に比較検討場面で行われる。問題解決型授業における比較検討場面は，ヴィゴツキーの「発達の最近接領域」が具現化する場面とみることができるが，その領域幅を狭く見すぎていたのではないかと率直に反省させられた。

　オンライン授業研究をこれまでの授業研究と併用していくことで，それぞれの国の文化的ルーティンが顕在化し再考され，授業研究を忠実に受容する（adopt）にせよ，自国の文化に適合するように実施する（adapt）にせよ，授業研究の各過程がより自覚的に充実して行われるようになろう。オンライン授業研究は授業研究の豊かな未来を切り開く契機になると期待できる。

注1：WALS：The World Association of Lesson Studies 2007年創設
注2：IMPULS：International Math-teacher Professionalization Using Lesson
　　Study（正式名称：国際算数・数学授業改善のための自己向上機能を備えた教員養

成システム開発）2011 年文部科学省特別経費により始動

注3：ウェビナー：ウェブ（Web）とセミナー（Seminar）を組み合わせた造語

注4：申し込み者国別：Australia（27），Portugal（15），Japan（14），UK（12），South Africa（5），3 名 以 下：Indonesia, Philippines, Turkey, Fiji, Norway, Thailand, Netherland, Korea, Columbia, Switzerland, Malaysia, Spain）

注5：日本の研究授業と研究協議会を集中的に観る 10 日間の教員研修プログラム

〔引用文献〕

Doig, B., & Groves, S.（2011）. Japanese Lesson Study：Teacher professional development through communities of inquiry. *Mathematics Teacher Education and Development*,13（1），77–93.

Goei, S. L., Van Joolingen, W., Goettsch, F., Khaled, A., Coenen, T., in't Veld, S., de Vries, S., & Schipper, T.（2021）. Online lesson study：Virtual teaming in a new normal. *International Journal for Lesson & Learning Studies*. https://doi.org/10.1108/IJLLS-09-2020-0078（2021. 8. 23 最終確認）

Huang, R., Takahashi, A., da Ponte, J. P.,（Eds.）.（2019）. *Theory and Practice of Lesson Study in Mathematics：An International Perspective*. Springer.

Hrastinski, S.（2021），"Digital tools to support teacher professional development in lesson studies：a systematic literature review", *International Journal for Lesson and Learning Studies*, Vol. 10 No. 2, doi：10.1108／IJLLS-09-2020-0062.

藤井斉亮（2014）．理論構築の萌芽領域としての算数・数学科における授業研究（2）：授業研究の構成要素と構造の特定．日本数学教育学会第 2 回春期研究大会論文集，111–118.

Stigler, J. W., & Hiebert, J.（1999）. *The teaching gap：Best ideas from the world's teachers for improving education in the classroom*. New York, NY：Free Press.（湊三郎，訳（2002）日本の算数・数学教育に学べ―米国が注目する jugyou kenkyuu―．教育出版）

Stigler, J. W., & Hiebert, J.（2016）Lesson study, improvement, and the importing of cultural routines, *ZDM Mathematics Education 48*, 581–587.

Quaresma, M., Winsløw, C., Clivaz, S., da Ponte, J.P., Ní Shúilleabháin, A., Takahashi, A.,（Eds.），（2018）. *Mathematics Lesson Study Around the World：Theoretical and Methodological Issues*. Springer.

【執筆者一覧】（執筆順）

太田 伸也（東京学芸大学名誉教授）

中野 博之（弘前大学）

小岩 大（東京学芸大学附属竹早中学校）

佐々木 陽平（東京学芸大学附属竹早中学校）

樺沢 公一（北海道教育大学旭川校）

川村 栄之（東京学芸大学附属小金井中学校）

柴田 翔（東京学芸大学附属小金井中学校）

清水 宏幸（山梨大学）

田中 義久（弘前大学）

中村 光一（東京学芸大学）

本田 千春（東京学芸大学附属国際中等教育学校）

峰野 宏祐（東京学芸大学附属世田谷中学校）

新岡 雄大（青森県立六戸高等学校）

小林 廉（東京学芸大学附属国際中等教育学校）

上村 健斗（埼玉県立久喜北陽高等学校）

清野 辰彦（東京学芸大学）

細矢 和博（東京大学教育学部附属中等教育学校）

成田 慎之介（東京学芸大学）

野島 淳司（東京学芸大学附属高等学校）

佐藤 秀則（埼玉県立大宮南高等学校）

新井 健使（東京学芸大学附属国際中等教育学校）

西村 圭一（東京学芸大学）

藤井 斉亮（東京学芸大学名誉教授）

松田 菜穂子（授業研究グローバルサービス）

数学教育学における教材研究の真価
―太田伸也先生ご退職記念論文集―

2021（令和3）年12月1日　初版第1刷発行

編著者：太田伸也先生ご退職記念論文集編集委員会
発行者：錦織 圭之介
発行所：株式会社 東洋館出版社
　　　　〒113-0021　東京都文京区本駒込 5-16-7
　　　　営業部　TEL 03-3823-9206／FAX 03-3823-9208
　　　　編集部　TEL 03-3823-9207／FAX 03-3823-9209
　　　　振　替　00180-7-96823
　　　　Ｕ Ｒ Ｌ　http://www.toyokan.co.jp

印刷・製本：藤原印刷株式会社

ISBN978-4-491-04643-3／Printed in Japan